www.einaudi.it

ISBN 978-88-06-25098-0

Daniela Brogi

Lo spazio delle donne

Giulio Einaudi editore

Indice

Lo spazio delle donne

per Rosetta

Introduzione
L'elefante nella stanza

Come fare?

La quantità di opere dedicate allo spazio delle donne offre possibilità smisurate ed entusiasmanti per riflettere sull'importanza delle donne, e su come, nel corso della storia, il loro lavoro materiale, culturale, creativo sia stato oscurato, silenziato, internato. Ma come trasformare in pensiero, racconto, sentimento e azioni condivisi risorse e saperi cosí vitali, eppure ancora troppo distanti dal discorso comune? Come capire che la persistenza, preoccupante, del divario di genere è una situazione che riguarda tutte e tutti, in primo luogo chi si occupa di cultura – vale a dire chi costruisce ponti tra generazioni?

Il libro che avete cominciato a leggere prova a rispondere a questa domanda, lavorando soprattutto sul potere che hanno le storie. A seconda di come raccontiamo e definiamo il mondo, possiamo infatti riuscire a conservare o trasformare lo stato delle cose, anche nel senso di riprodurre, o smantellare, le disuguaglianze.

Lasciamo perdere le mode passeggere, le scappatoie, o le battute di comodo. L'assenza delle donne e delle autrici dalla considerazione e dalle pratiche di riconoscimento pubblico e duraturo è una figura strana ed enorme davanti agli occhi di tutti, ma di cui non si discute in maniera collettiva; proprio come se si trattasse di un grosso elefante, o per meglio dire un'elefantessa, intrappolata in una stanza dove si continua a conversare amabilmente, fingendo di non vedere.

Parleremo di spazi, proporzioni, disparità, volumi, di fatti e di memoria, di ragazze in corsa, di persone giovani; anche di come «maschile» non sia sinonimo di «patriarcale»; o di quanto il femminismo sia un capitolo fondamentale della storia della modernità, oltre che un capitale culturale enorme. Le vicende, le opere e le esistenze di metà dell'umanità sono state lasciate ai margini della storia, formando una zona fuori campo che d'altra parte, come accade al cinema, va messa in dialogo e in tensione critica e creativa con il centro dell'inquadratura; non si tratterà dunque di *infilare* polemicamente delle tessere assenti, né di rappezzare i buchi, o di aggiungere nomi tanto per far numero, ma di cambiare linguaggio e prospettiva, di formare un nuovo mosaico.

Per comprendere la condizione delle donne nella contemporaneità dobbiamo ragionare in termini di complessità e di lunga durata, anche liberandoci, per esempio, dal pregiudizio per cui occuparsi di culture e opere lontane dal presente possa essere un gesto neutro, indifferente alla storia del dominio e allo spazio delle donne. Ci riferiremo principalmente agli ultimi due secoli, ma le questioni e le parole che useremo riguardano e interpellano anche altre epoche e saperi.

Smontare la retorica sessista; trovare altre parole e differenti sguardi; raccontare le donne, e l'importanza di fare spazio simbolico alla narrativa delle donne. Riconsiderando non solo lo spazio delle figure illustri, le eroine, le principesse, le eccentriche, ma lo spazio delle collettività e le moltitudini, comprese le tante che hanno dedicato lavoro e studio alle altre donne. Non si potrà parlare di tutto, né risolvere tutto, ma intanto, se ci mettiamo in strada, da qualche parte arriveremo, come dice Dorothy nel *Mago di Oz*. Cercheremo di comporre uno spazio dove guardare ciò che era stato messo fuori, o almeno ricostruire il senso della sua assenza.

Per farlo, percorreremo un viaggio in cinque tappe, dedicate rispettivamente allo spazio storico delle donne; allo spazio come territorio e condizione di creatività; allo spazio come posto abitato da stereotipi sessisti che saranno ridiscussi; allo spazio come stile ed esperienza; e, infine, allo spazio delle donne come campo di messa alla prova della contemporaneità.

Lavoreremo soprattutto con le scritture d'autrice, cercando tuttavia di elaborare parole e riflessioni che portino la letteratura anche dentro alle altre arti, e soprattutto alla vita.

Lo spazio delle donne si potrà leggere in un pomeriggio di studio come di festa; in una pausa da un lavoro anche molto diverso da quello della critica letteraria; durante una vacanza, nel giardino di una biblioteca, in metro, in un sabato pomeriggio passato al lago; potrà funzionare mentre si scrive un articolo, o una tesi, ma anche mentre vostro figlio o la vostra ragazza preparano una tesi.

Siate pazienti se saranno citati molti nomi: di autrici, artiste, donne sconosciute, femministe di strada. Si è fatto di proposito, per restituire visibilità a chi spesso è stata messa ai margini del quadro. Ma, soprattutto, i molti nomi consentiranno a chi legge di proseguire e arricchire il viaggio: cercando, ritrovando, sfruttando gli indizi lasciati qui, e messi per fare spazio non tanto a un elenco, o a una raccolta di digressioni, bensí a una prospettiva di lavoro articolata e tuttavia complessiva che in buona misura è da ricostruire.

Lo spazio delle donne è anche una zona di passaggio, di transizione, dove trattare le donne non come fenomeni da chiudere in etichette, e nemmeno *in quanto donne* e basta, ma come identità sempre in movimento e in trasformazione. Del resto, la modernità europea comincia con la figura di una *passante*, nella poesia di Baudelaire dedicata a una sconosciuta incrociata nel traffico di una metropoli, in un attimo fuggente che dura un'eternità. Anche il cinema ha trasformato questa situazione del *femminile in movimento* in motivo visionario e poetico, mostrandoci tante donne sui treni. Quante volte, del resto, i romanzi, come i film, raccontano spazi da cui protagoniste sconosciute appaiono e scompaiono, mentre man mano scopriamo che le cose e le persone sono diverse da ciò che si credeva a prima vista. È interessante, infatti, notare che proprio questo meccanismo di presenza e sparizione è un motivo simbolico che ritorna soprattutto in finzioni e racconti riguardanti le donne, come se l'elemento femminile, non come essenza ma in quanto alterità, fosse un segno particolarmente efficace per raccontare l'esperienza della vita, e dei suoi significati, in quanto passaggio, metamorfosi, scoperta, cambiamento. Pensare l'Altro, l'Altra, è sempre, del resto, la situazione piú creativa di tutte, perché ci ricorda che gli esseri umani, prima di ogni altra cosa, sono creature fatte di narrazioni, e stanno al mondo in modo differente, anche a seconda delle forme in cui si raccontano o sono raccontate.

Lo spazio delle donne è un viaggio attraverso situazioni e luoghi, che, come potrete verificare, spesso sono, e di proposito, luoghi comuni, abitati da parole comuni. I saperi e i linguaggi specialistici, indispensabili a conquistare il senso del paesaggio da attraversare, fanno parte dell'itinerario, ma resteranno piú che altro in valigia, per dare piú spazio possibile, invece, all'urgenza di parlare a una comunità articolata, varia, futura.

Si è fatto tardi. Andiamo.

Capitolo primo
Fare spazio

Spazi vitali.

La nostra vita è fatta di situazioni in cui le parole, le azioni, gli sguardi e i corpi esistono perché occupano certi spazi. Lo spazio infatti è campo di espressione e verifica delle identità. Se questo è vero in generale, per le donne vale anche di piú, perché lo spazio in molti casi ha funzionato come cifra di un destino imposto. Palazzi nascosti, case dimenticate, camere, giardini segreti, stanze con finestre, cucine, soffitte, collegi, stalle, celle di monasteri, salottini e ogni altra forma di luogo chiuso, separato dal mondo di fuori, sono stati, per secoli, gli ambienti dove spesso hanno dovuto trascorrere il tempo le donne, insieme ad altre donne, oppure da sole, in compagnia di storie, quando avevano il lusso della fantasia, e di ruoli, difetti e vizi spesso inventati da altri. Non è un caso, del resto, che là dove prendono forma punti di vista e voci femminili, in letteratura come nelle altre arti, ecco che molte volte arrivano metafore e racconti visuali che ci chiedono di immaginare le esistenze altrui proprio a partire dallo spazio. Cosí avremo la protagonista di *Una donna* (Sibilla Aleramo, 1906), che nella prima pagina del romanzo parla subito della conquista di un «pezzetto di giardino mio» e usa lo spazio – delle camminate in città o della casa – per costruire il sentimento di una contrapposizione tra il mondo arioso e aperto del padre e il mondo oscuro e chiuso della madre; facendolo, tra l'altro, in un libro nato anche dalla visione di un dramma teatrale intitolato a un particolare spazio: *Casa di bambola* (Henrik Ibsen, 1879). Oppure, e soprattutto, ecco Virginia Woolf, per la quale riuscire a scrivere significa dichiarare guerra all'«angelo del focolare», vale a dire al tipo di donna piú apprezzato dalla società vittoriana, e celebrato dal poema in undici canti di Coventry Patmore *The Angel in the House* (1854):

> quando incominciai a scrivere – dice Woolf – me la trovai davanti alle prime parole. L'ombra delle sue ali cadeva sulla mia pagina; sentivo nella stanza il fruscio delle sue gonne. Non appena presi in mano la penna per recensire il romanzo di quell'uomo famoso, insomma, lei mi scivolò alle spalle sussurrandomi: «Mia cara, sei una ragazza giovane. Stai scrivendo di un libro che è stato scritto da un uomo. Sii comprensiva; sii tenera, lusinga, inganna, usa tutte le arti e le astuzie del nostro sesso. Non far mai capire che sai pensare con la tua testa. E soprattutto, sii pudica» [...] Mi voltai e l'afferrai per la gola. Feci del mio meglio per ucciderla[1].

Professioni per le donne, il testo di Woolf da cui è tratto il passaggio qui sopra, rielabora un discorso tenuto nel 1931. Due anni prima, nel 1929, era uscito il saggio piú famoso del Novecento dedicato alle donne, sempre di Woolf, sempre costruito attorno al motivo materiale e simbolico dello spazio: *A Room of One's Own* (*Una stanza tutta per sé*). Procedendo avanti nel tempo, Alice Munro, Premio Nobel per la

[1] VIRGINIA WOOLF, *Professioni per le donne* [1931], in ID., *Voltando pagina. Saggi 1904-1941*, a cura di Liliana Rampello, trad. it. di Adriana Bottini, il Saggiatore, Milano 2011, p. 352.

Letteratura (2013), proprio nel libro con cui ha esordito (*Danza delle ombre felici*, 1968), ha inserito un racconto che vale come un manifesto. Si chiama *Lo studio*, e comincia cosí:

> La soluzione alla mia vita mi venne in mente una sera mentre stiravo una camicia. Era semplice ma audace. Mi presentai in soggiorno dove mio marito stava guardando la televisione e dissi: – Ho pensato che dovrei avere uno studio[2].

«Dovrei avere uno studio»: l'io narrante prende voce e identità assumendo che per essere considerata un'autrice scrivere non basta. Affinché gli altri riconoscano che il tuo lavoro esiste devi occupare uno spazio, possibilmente esterno alla cerchia domestica.

Nel romanzo autobiografico *Cosima* (1937), di Grazia Deledda, ecco come si descrive, invece, il senso di umiliazione provato dalla protagonista, una scrittrice che ha conquistato la fama, quando deve ricevere a casa il giornalista di città arrivato per intervistarla:

> I giornali parlavano di lei. Arrivò persino, fino alla casa di lei, da una città lontana, un alto, grasso, biondo giornalista, la cui presenza mise in subbuglio tutto il vicinato. In Cosima quella visita suscitò il piú alto orgoglio e la piú cocente umiliazione. Umiliazione di doverlo ricevere in quella stanza terrena quasi povera, dove nella vecchia libreria si vedevano ancora le carte d'affari del padre morto; però, le sorelle avevano steso un'antica tovaglietta di pizzo sul tavolino dove fu servito il caffè: ella aveva indossato il suo vestito di seta stellata, ma non sapeva che dire [...] Egli però fu gentile, e nel suo giornale scrisse che la scrittrice «pallida, piccola, nervosa (nervosa? non sapeva che cosa questa parola significasse, tuttavia la lusingò), questa fragile creatura che, senza mai essere uscita dal suo quieto

[2] ALICE MUNRO, *Danza delle ombre felici* [1968], trad. it. di Susanna Basso, Einaudi, Torino 2013, p. 67.

nido, conosce tuttavia, in modo che fa quasi sbalordire, i misteri del cuore umano» eccetera. (Oh, grande uomo biondo che vivi nella metropoli, a contatto col mondo piú tumultuoso, tu non saprai mai per tua esperienza quello che Cosima conosce attraverso la propria)[3].

La domanda di spazio, come dispositivo fisico e simbolico di un riconoscimento sociale, torna anche in molti libri d'autrice che raccontano esperienze di diaspora e migrazione, per esempio nel titolo e nell'impianto del *memoir* famigliare *La mia casa è dove sono* (2010) di Igiaba Scego.

L'esigenza di uno spazio proprio, dove potersi sentire e poter contare come soggetti, è il contrario del bisogno di un angolo dove nascondersi. Si tratta, infatti, di uno spazio, anche simbolico, definito in relazione agli altri, e liberato dal potere esercitato anche come dominio sui corpi. Tant'è vero che l'istanza di spazio di solito si incrocia con un'altra questione, nelle finzioni come nella realtà, che si riassume nella seguente domanda: «Posso uscire da sola?» Una richiesta importante da capire e mettere in prospettiva, perché quel dubbio, che è letterale e spesso ha significato anche «Posso farcela da sola?», non esprime un nervosismo e una fragilità personali, ma una tensione sociale, vale a dire una vulnerabilità da riferirsi all'ambiente circostante. «Posso andare da sola?» è una preoccupazione strutturale della vita delle donne, e ha espresso, storicamente, sia il dovere di chiedere il permesso a qualcun altro, sia la necessità di difendere il proprio corpo in un mondo dove a lungo ha dominato

[3] GRAZIA DELEDDA, *Cosima* [1937], con un'introduzione all'opera e una bibliografia a cura di Vittorio Spinazzola, note di Antonio Baldini, Mondadori, Milano 1975, pp. 96-97.

l'idea che tutto lo spazio (compreso quello dei corpi delle donne) fosse *naturalmente* e liberamente a disposizione degli uomini.

Questo sistema di insicurezze e di paure su cui si è fondata una spartizione di disuguaglianze di genere è stato spesso ignorato, o percepito come "normale"; eppure, può essere ripensato, incrociando varie possibilità di intendere lo spazio delle donne, per mettere in prospettiva il passato, oltre che assetti e spazi futuri da discutere qui, nel presente. Cominciamo, dunque.

«Fermatevi! – ci intima un signore illustre, coi toni di un giudice di gara – cosí si cade in una posizione vittimista!» No no, partiamo proprio da fatti storici, che le spiegazioni paternalistiche cercano di occultare con etichette-scappatoia, sovrapponendo vittime e vittimismi, che di solito sono due cose diverse. Procediamo dunque, e iniziamo a riconsiderare alcuni spazi possibili delle donne, usando, per questa ricognizione sintetica, alcune figure emblematiche: il recinto, l'abisso, l'interstizio, la mappa, il fuori campo attivo. Sono spazi provenienti da ambiti diversi e trasversali, ma che convergeranno, man mano che si procede, verso un'unica zona di tensione.

Il primo spazio è il recinto di minorità in cui le donne sono state messe e tenute per millenni, escluse dall'alfabetizzazione, dalla scuola (dalla formazione e dall'esperienza), come accade anche oggi in tante parti del mondo; tenute fuori dagli spazi professionali pubblici, a meno che non fossero attività servili, dalle occupazioni pagate bene, dalle accademie d'arte, dall'università, dalle carriere giuridiche, dai concorsi, dal lavoro insomma – quel lavoro che, a causa della pandemia da Covid, le donne hanno perduto in percentuale doppia rispetto agli uomini, o prodotto per metà soprattutto se, durante il periodo di *lockdown*, abitavano con dei figli. Nei riferimenti bibliografici essenziali alla fine del libro si segnalano studi importanti e rigorosi su questi aspetti storici, sociali ed economici, che ci aiutano a riscoprire lo spazio delle donne. Sono opere (di Bianca Guidetti Serra, Anna Bravo, Gisela Bock, Fiamma Lussana) dedicate alla storia politica e sociale delle donne, e al rapporto tra parità di genere e politiche pubbliche (Daniela Del Boca, Elisa Giomi, Paola Profeta); o lavori, come quelli di Carolyn Merchant e Silvia Federici, che hanno tolto dal recinto folkloristico e collocato in un contesto piú complesso e meno episodico pratiche repressive come la caccia alle streghe e lo sfruttamento del corpo femminile – compresa l'abitudine di spingere proprio le donne a testimoniare contro le donne, mettendo le une contro le altre.

Accanto al "recinto", il secondo spazio è quello di un mondo inabissato, nel senso che riguarda la presenza reale e significativa che, malgrado tutto, molte donne hanno avuto nella storia della cultura, della scienza e delle arti, ora da protagoniste e da innovatrici, ora costruendo spesso spazi fuori norma. Si tratta di piani di realtà resi invisibili, oscurati e lasciati fuori dall'inquadratura della memoria ufficiale, in una condizione di *black out* che, a differenza del fuori campo cinematografico, il quale reinventa una contiguità spaziale e simbolica con lo spazio inquadrato, assomiglia piuttosto a una rimozione e a una mutilazione permanenti. Con un'immagine umoristica, Jacky Fleming ha chiamato questo spazio la «pattumiera della storia»[4], da cui per millenni le donne hanno cercato di recuperarsi l'una con l'altra. Una delle

[4] JACKY FLEMING, *Breve storia delle donne* [2016], Corbaccio, Milano 2016.

prime a farlo, nell'inverno tra il 1404 e il 1405, è stata Christine de Pizan, nella prima opera laica dedicata allo spazio delle donne, *La città delle dame*, un libro straordinario, per stile e invenzione, nato dalla scelta di rispondere a tutte le opere «maldicenti» scritte dagli uomini, che, come se parlassero «tutte con la stessa bocca», attaccavano la natura delle donne:

> Volevo capire in coscienza e in modo imparziale se poteva essere vero ciò che tanti uomini illustri, gli uni come gli altri, testimoniavano. Ma, nonostante quello di cui potevo essere a conoscenza, e per quanto a lungo e profondamente esaminassi la questione, non riuscivo a riconoscere né ad ammettere il fondamento di questi giudizi contro la natura e il comportamento femminile. Continuai tuttavia a pensare male delle donne: ritenevo che sarebbe stato troppo grave che uomini cosí famosi, tanti importanti intellettuali di cosí grande intelligenza, cosí sapienti in tutto, come sembra che fossero quelli, avessero scritto delle menzogne e in tanti libri, che stentavo a trovare un'opera morale, indipendentemente dall'autore, senza incappare, prima di terminare la lettura, in qualche capitolo o chiosa di biasimo alle donne. Questa unica e semplice ragione mi faceva concludere che, benché il mio intelletto nella sua semplicità e ignoranza non sapesse riconoscere i grandi difetti miei come delle altre donne, doveva essere veramente cosí. Era in questo modo che mi affidavo piú ai giudizi altrui che a ciò che io sentivo e sapevo[5].

Il terzo spazio invece è l'interstizio, una figura di spaccatura prodotta a colpi di silenzio, un terzo spazio, come lo definisce Bhabha, una smarginatura, come dice Ferrante. Uno spazio, insomma, rotto, oppure scollato, intendendo la possibilità che nel campo immaginativo riguardante le finzioni d'autrice possano trovarsi e riflettersi, molte volte, anche specifiche

[5] CHRISTINE DE PIZAN, *La città delle dame*, a cura di Patrizia Caraffi, edizione di Earl Jeffrey Richards, Carocci, Roma 2003, pp. 43-45.

forme espressive e stili dell'identità destabilizzata e del trauma; o della sofferenza di guerra (per esempio anche quella combattuta e raccontata dalle donne, nei libri di Dacia Maraini e di Svetlana Aleksievič, Premio Nobel per la Letteratura 2015); o scritture di fantasia e dell'introversione che tuttavia potranno in molti casi essere liberate dai luoghi comuni dell'intimismo (che pure esistono); per esempio anche per capire che le autrici hanno cominciato molto tempo fa, prima che diventasse di moda, a sperimentare il genere dell'autofiction o dell'autobiografia per interposta persona, come sistema di travestimenti e controfigure. Scrivendo opere in cui l'io narrante parla di sé attraverso le vite altrui, come fa Anna Banti nel romanzo *Artemisia*; o come fa Artemisia Gentileschi stessa, la pittrice, nella tela *Susanna e i vecchioni* (1610).

Il quarto livello che considereremo è la mappa, vale a dire lo spazio delle donne previsto (o non previsto) che si ha il potere di allestire e delimitare tutte le volte che vorremo «comporre» una lista. Questa non agisce mai, banalmente, come un elenco, ma è una rappresentazione del territorio, una messa in vista dell'essenziale, un ritratto (o autoritratto) di famiglia. Perciò stiamo usando la parola «comporre», che vuol dire formare un tutto unico mettendo accanto parti diverse che offriranno cosí, anche attraverso gli effetti di insieme e le proporzioni, un modello possibile del mondo. Sarà una lista elettorale, o di partecipanti a un dibattito, a un programma di eventi, a una selezione, a un comitato di redazione, a un festival, a un'antologia, a una giuria, una bibliografia, una rassegna, e ogni altra occasione, a qualsiasi livello, in cui si fa e si professa cultura e si elabora discorso pubblico (vale a dire si propongono modelli di valori e di collettività). Far caso a quelle liste, mentre si compongono, è una presa di posizione culturale ed etica, perché fa spazio a distinzioni e ritratti di un'idea di società che favoriranno o sfavoriranno il modo in cui si può percepire il proprio posto nella gerarchia sociale, e le opportunità che si hanno, a seconda del corpo, del genere e dell'appartenenza a un gruppo. Gli appelli sorpresi alla distrazione involontaria o all'ironia sono fuori tempo e fuori luogo, quando si rimuove l'importanza e la visibilità delle donne, che andranno incluse perché non vanno escluse – anche stare nella lettera delle parole può favorire la parità.

È vero, le persone non vanno tenute in conto o premiate solo per il loro genere, come in effetti è accaduto per millenni, ma questo è ciò che è successo agli uomini, compresi coloro che non avevano nessun titolo o merito tranne quello di non essere donne. Può essere interessante, per esempio, riconsiderare il racconto contenuto nella famosa foto scattata durante la maratona di Boston del 1967, dove si vede una donna (Kathrine Switzer) strattonata da alcuni giudici di gara che tentano di impedirle di correre. Quell'immagine racconta un'azione, uno stress, e uno stratagemma. C'è una ragazza che corre, malgrado la gara fosse vietata alle donne; ci sono altri che tentano di fermarla, aggiungendo alla fatica sportiva lo sforzo di superare l'ostacolo; e infine c'è pure, in maniera sottintesa, l'espediente grazie al quale l'atleta con la maglia numero 261 era riuscita a iscriversi: indicando solo le iniziali del suo nome. Senza essere identificata per il genere, vale a dire dando per scontato che fosse un uomo, meritava di essere ammessa, cioè di non essere esclusa. Questo è il perimetro simbolico del merito collaudato da un mondo fatto solo a misura degli uomini: fino a prova contraria lo spazio è *naturalmente* degli uomini, a meno che non si escogiti un'azione, uno stress aggiunto e uno stratagemma.

Ma del resto, le donne neppure vanno incluse come animali esotici da esibire, creature in estinzione o favorite da accogliere a corte grazie all'aiuto o all'attenzione magnanima di un uomo, magari.

Di nuovo, infatti, vale la spiegazione piú semplice: escludere le donne significa cancellarle, visto che formano almeno la metà dell'umanità – anche se ogni volta che entreremo in una classe scolastica o universitaria si potrebbe pensare a percentuali molto piú alte; è quando si sale nelle gerarchie del potere che i numeri e le carriere delle donne scompaiono.

Il quinto spazio che stiamo tracciando è il fuori campo attivo, come si dice nel cinema, per distinguerlo dal fuori campo passivo, e per intendere la situazione in cui, mentre vediamo qualcosa, ci chiediamo: che cosa sta succedendo? È la zona che intende comporre questo libro: lo spazio liberato da abitudini sessiste riprodotte con naturalezza. Non sarà la situazione domenicale dello scrupolo di sensibilità, ma l'ecosistema di chi scelga di vivere in contemporaneità con il futuro, come avrebbe detto Giuseppe Pontiggia[6], e dunque intenda dialogare soprattutto con chi è giovane e verrà dopo, trovando un mondo formato da identità culturali diverse, dove sguardi consapevoli e multiculturali non saranno soltanto una risorsa in piú, ma un'opportunità di navigazione migliore, anche nelle situazioni di conflitto e di impoverimento che, come è accaduto molte volte, useranno il corpo delle donne come campo di scontro. È bene dire subito, e non sarà l'ultima volta, che la controparte di questo

[6] GIUSEPPE PONTIGGIA, *I contemporanei del futuro*, Mondadori, Milano 1998.

spazio è una cultura patriarcale e monologica, ma non include (o non riguarda) tutti gli uomini genericamente intesi, né soltanto loro, eventualmente, bensí un senso comune molto piú trasversale – il conformismo spesso riprodotto, ora involontariamente, ora in mala fede, ora per vezzo di casta e di appartenenza generazionale, ora per una pigra fatica di vivere. Il mondo di privilegi rimpianto e imitato da chi si oppone, per principio, a un linguaggio politicamente e culturalmente rispettoso delle differenze in buona misura non esiste piú.

Cosa fare.

Suona strano dirlo, ma è dal secolo scorso che rifletto sulle questioni di cui sto scrivendo. Soprattutto negli ultimi due anni, però, mi sono concentrata sui modi in cui è stato discusso e immaginato lo spazio che le donne e le autrici hanno o non hanno avuto in un mondo pensato e inventato al maschile. A parte casi rarissimi, ho trovato libri tutti scritti da donne, come se per molti uomini di cultura fosse un'impresa da cervello balzano occuparsi delle opere delle donne – facendo insomma quello che le donne invece fanno da sempre con gli autori. Ho incontrato vere maestre del pensiero – anche l'effetto di stranezza procuratoci da questa espressione parla di una disabitudine significativa; ho letto libri originali e straordinari fuori catalogo da anni e anni (come *La donna non è gente*, di Armanda Guiducci), oppure molte volte ho conosciuto autrici piú giovani di me, per esempio scrittrici e artiste del Sud America (Valeria Luiselli, Guadalupe Nettel), o nigeriane, come Chimamanda Ngozi Adichie. Tante altre volte, invece, scoprendo saggiste e artiste del secondo Novecento che hanno creato lavori geniali e cosí attuali, ma di cui non avevo mai sentito parlare prima, mi è venuta la curiosità di scoprire meglio chi fossero, e dove sarebbe stato possibile, magari, ascoltarle direttamente. La loro voce infatti, proprio come accade anche in *A Room of One's Own* di Woolf, chiama attenzione non a titolo di se stessa e basta, ma di una collettività, di un «amore del mondo», come lo chiamava Hannah Arendt; e credo che questo avvenga soprattutto, e ancora, per il punto da cui si sceglie di parlare, scrivere, creare, che è esso stesso uno spazio delle donne: non necessariamente separato e contrapposto, ma un territorio in cui chi dice «io» sta cercando di dire anche «noi».

Cosí, in molti casi, come quello di Grazia Livi, ho scoperto che molte di quelle autrici non c'erano piú, o che ormai sono molto anziane. Sto raccontando quest'esperienza perché vorrei riuscire a far sentire lo sconforto particolare provato in quei momenti, senza che la tristezza tuttavia intaccasse la soddisfazione grata e duratura che queste opere riescono a lasciare; come se quelle autrici – scrittrici, registe, pittrici, artiste, saggiste – parlassero ancora, per dire, oltre le loro opache fotografie: non eravamo sole.

Ma come fare, allora? Come costruire spazi finalmente piú vitali e ariosi dei luoghi comuni occupati dal discorso pubblico in materia di rappresentanza anche culturale, oltre che politica, delle donne? La prima risposta è la piú semplice, e dunque anche la piú sostanziale: bisogna spostare sguardi, toni e piani, per iniziare a riqualificare e legittimare il discorso riguardante lo spazio delle donne, che va sottratto al campo impressionistico dei pareri a caldo, degli strali spiritosi, dei paragoni generici e delle opinioni pronunciate volgarmente e tanto per fare, magari “spiegando” pure perché si viene fraintesi. Lo spazio delle donne non è l’ambito delle iniziative bizzarre, dei vezzeggiativi (come «maschietti», «femminucce», ecc.) usati, da persone adulte, con una puerilità disarmante. Le battaglie materiali e culturali per l’emancipazione delle donne sono state combattute dalle suffragiste (termine piú appropriato di «suffragette»), da movimenti di liberazione delle donne, da artiste, contadine, intellettuali, sindacaliste, imprenditrici e leader; e sono state illustrate da opere nate in camere chiuse a chiave ma che parlavano al futuro, da vite intere dedicate allo studio, alle inchieste (come quelle straordinarie di Gabriella Parca: per esempio *Le italiane si confessano*, o *Voci dal carcere femminile*), e alla scrittura di libri o di altro, da almeno un secolo e mezzo, per limitarci alla contemporaneità. Si tratta di un insieme di situazioni che appartiene alla storia d’Italia, d’Europa, del mondo, ed è dentro questa complessità culturale che va visto, studiato e dibattuto lo spazio delle donne. Ignorare tutto questo, è il momento di dirlo senza esitare, non è una scelta sbagliata e basta: è incultura e spesso anche mancanza di professionalità. Non possiamo piú occuparcene perdendo tempo in chiacchiere rumorose. Negli ultimi centocinquant’anni sono stati prodotti sapere, genio, studio, consapevolezza. Nessuno penserebbe di parlare seriamente di eventi legati a una guerra mondiale, poniamo, improvvisando opinioni e vaghi ricordi; o almeno nessuno penserebbe di farlo in una situazione seria. Non può succedere nemmeno con la questione delle donne e del loro spazio. Questa verità, cosí evidente, va detta, dichiarata, scritta, portata nei luoghi anche istituzionali del sapere. Con gentilezza, se possibile, e tuttavia smettendo di avere paura, proprio come la migliore letteratura, il cinema e tutte le altre arti ci insegnano a fare.

Ma per prendere sul serio lo spazio delle donne, rimasto cosí fuori campo, occorre anche un nuovo stile di discorso, un nuovo immaginario e, soprattutto, un nuovo modo di mettere in prospettiva il paesaggio. Lo spazio delle donne, infatti, non è l'appendice, l'intermezzo, la pezza d'appoggio per non fare troppo brutta figura; non è la sedia in piú che si aggiunge – magari usando titoli a effetto, in dissolvenza, con la scivolosa coordinazione «e le altre», che è vero, può alludere anche a una collettività come moltitudine da ricostruire, ma se diventa un'espressione troppo usata assomiglia piuttosto a una macedonia assortita. Il primo esempio che posso fare è: «Ingrid [Bergman] e le altre», alludendo a una vaporosa nuvola anonima piena di sfumature. È il titolo che avevo usato alcuni anni fa, per un intervento sulle protagoniste del cinema neorealista. Mi pareva una frase simpatica, se non fosse che la simpatia in effetti può essere uno dei mezzi migliori con cui il linguaggio ci prende per distrazione e ci possiede, e ci parla anziché essere parlato. Sarebbe bastato fare l'esperimento di rovesciare l'esempio al maschile (per esempio: «Vittorio [De Sica] e gli altri»), riconoscendone immediatamente l'inverosimiglianza, per capire che lí lavorava, senza che me ne accorgessi, uno stilema che mi pareva elegante, allusivo, ma, al fondo, teneva in piedi sempre l'equivoco sessista del recinto separato.

Non si tratta di incorporare le donne in un sistema di valori, di canoni e di gerarchie preesistenti e, di fatto, patriarcali. La tradizione va ripensata complessivamente. Non si tratta di cancellare – è impossibile che chi sbandiera questo spettro minaccioso, in Italia, si prenda sul serio; piuttosto, si tratta di assumere una nuova prospettiva, mobile e multifocale, che, oltre a restituirci la complessità del quadro, sarà in grado di farcelo vedere e capire meglio, rendendolo anche piú trasmissibile.

La disinvolta omissione delle autrici, nel panorama culturale degli ultimi due secoli, non è un problema quantitativo, ma qualitativo. Perché è la modalità di sguardo, di inquadratura, di racconto della tradizione che richiede un cambiamento. Di conseguenza, non si tratta di aggiungere nomi, capitoli a parte, o di ripescare a caso nella pattumiera della storia, ma di riconsiderare, studiare e raccontare presenze e mancanze secondo una sintassi e una architettura diverse. Di esse fanno parte gli assetti ideologici, cognitivi, emotivi rispetto ai quali la formazione delle donne, per esempio, è stata scoraggiata e mantenuta su livelli dilettanteschi, come spiega un saggio fondativo della storica dell'arte Linda Nochlin, *Why Have There Been No Great Women Artists?* (1971; *Perché non ci sono state grandi artiste?*) Oppure, anche quando le artiste c'erano, sono state lasciate ai margini del campo culturale e dello spazio pubblico, o dimenticate, considerate come estranee, intruse, trattate da eccezioni ingombranti. Tale insieme di aspetti *omessi* va ripensato in modo nuovo. Per costruire, come avviene nel cinema, una dialettica tra campo e fuori campo, tra visibile e invisibile, che dia espressione al fuori campo attivo. Si tratta di elaborare mappe centrifughe, per cosí dire, cioè capaci di spingere l'attenzione anche verso i bordi; e di interrogarci non solo su cosa vediamo (come in un quadro, o in un film), o su cosa leggiamo, ma anche su come lo facciamo.

Tutto questo, tra l'altro, è quello che il linguaggio

artistico realizza principalmente, perché ci procura il senso della bellezza e della verità costruendo effetti originali di straniamento e distanza da ciò che a prima vista poteva apparire piú familiare e normale – riprenderemo questo snodo anche piú avanti. L'arte attiva contraddizioni, conflitti e dialettiche. Le storie e i discorsi critici che via via raccontavano e rendevano significative e trasmissibili quelle esperienze, invece, nel caso dello spazio delle donne lo hanno fatto molto (molto) meno, attivando piuttosto logiche di potere, di riconoscimento e conferma sia di campo sia di spazio (maschile).

Stiamo forse insinuando che fare, pensare e vedere lo spazio delle donne in un certo senso significa anche essere all'altezza delle opere che si studiano, non solo d'autrice? Ecco, sí, a pensarci bene si sta dicendo proprio questo.

Fermiamoci su un esempio. Facciamo l'ipotesi che il giudice di gara che aveva già provato a interromperci sia rispuntato e stavolta protesti che se continuiamo cosí non si potranno piú studiare i grandi autori classici. Ma il fatto è che ragionare solo per gerarchie, generi, valori e canoni esclusivi, piuttosto che essere un rischio futuro, fin qui piú che altro è stata la postura critica dominante. È la medesima ragione per cui Elsa Morante è di fatto l'unica scrittrice novecentesca presente nei programmi scolastici italiani, e della sua opera ci si occupa ancora per salvare almeno un'autrice (morta), piú che per un reale interesse verso i suoi romanzi e per lo spazio delle donne.

Non stiamo giocando a buttare qualcuno dalla torre, e men che mai ci troviamo a un concorso di bellezza. Stiamo facendo un esercizio di complessità, che ci consenta di recuperare la consapevolezza dello spazio fuori campo. Se ragionassimo in termini di retorica o erudizione sarebbe uno spazio extraletterario; ma se invece ragioniamo in termini di significato e di contemporaneità sarà a maggior ragione uno spazio letterario.

Ha senso studiare *I promessi sposi*, di Alessandro Manzoni, anche ricordando che è un'opera scritta da un autore che tenne la sua ultima figlia in un convento, senza rispondere alle sue lettere e richieste di incontro (si tratta di Matilde, di cui Cesare Garboli ha pubblicato il *Journal*), fin quando la ragazza morí a ventisei anni di tubercolosi? Sí, certamente vale la pena, anzi saperlo e rammentarlo potrebbe essere un valore aggiunto, non in senso aneddotico, ma letterario, perché appariranno anche piú grandiose le pagine che proprio quel padre, in quanto autore e scrittore, ha inventato per Gertrude, nei capitoli IX e X dei *Promessi sposi*, dedicati alla figlia di un Principe Padre destinata a farsi monaca prima ancora della sua nascita. Nessuna e nessuno di noi ha corso un simile rischio, ma ognuno ha sofferto con Gertrude, ha fatto esperienza delle sue verità romanzesche, grazie alla forza narrativa, drammatica e stilistica della sua storia, grazie al potere che tutta la grande arte ha di sorpassare le intenzioni di chi l'ha creata. Che anche Manzoni appartenesse a una cultura normalmente patriarcale ci aiuta anche meglio, casomai, a capire come le forme rielaborino e smentiscano le biografie, andando molto piú lontano. La scelta della digressione su Gertrude, in *flashback*, non è soltanto un espediente di intreccio, ma una trovata narrativa geniale, perché il romanzo trasforma anche noi lettrici e lettori in destinatari e aiutanti di una situazione che Gertrude ha cercato tutta la vita: la possibilità che il racconto della sua storia (proprio la sua, non quella delle decisioni prese sulla sua testa), finalmente, fosse ascoltata da qualcuno. Gertrude siamo noi, mi hanno detto una studentessa del Congo e uno studente cinese, commentando: «e fu monaca per sempre», una frase straordinariamente capace di rendere il senso di imprigionamento di un destino in una stanza chiusa di otto sillabe, attraverso la coordinazione, l'uso dei tempi e la posizione delle parole, che scandiscono il suono degli elementi («e fu | monaca | per sempre») come i colpi di una scure che si abbassa su un corpo colpendolo a morte.

Spazi estirpati e biografie improbabili.

Secondo la leggenda, il toro di Falaride era una macchina di tortura spettacolare, di cui si parla anche nell'*Inferno* di Dante (canto XXVII). Un gigantesco quadrupede di rame, vuoto all'interno e con una porta su un fianco, costruito dal fonditore Perillo di Atene per Falaride, tiranno di Agrigento. Una volta che la vittima era stata chiusa dentro, sotto il toro veniva acceso un fuoco, che riscaldava il metallo fino ad arroventarlo, per far cuocere lentamente il corpo al suo interno. La trovata scenica e performativa consisteva nel far uscire dal simulacro del toro, intanto che la persona prigioniera ardeva, fumo profumato di incenso, mentre un sistema di tubi sistemato nella testa dell'animale convertiva le urla straziate in suoni simili ai versi di una bestia infuriata, o, secondo altre versioni, persino a un canto. Si narra anche che le ossa arse delle vittime, rese scintillanti come gioielli, fossero trasformate in bracciali.

Lo spazio delle donne è anche tutto quello che non ricordiamo perché è lo spazio che non hanno mai avuto nelle storie scritte dagli uomini. È lo spazio occupato da tante studentesse, lettrici, spettatrici, che, da una generazione all'altra, hanno studiato e amato opere che potevano ora sottintendere ora esibire misoginia, sottomissione delle identità femminili o non virili, senza che tutto questo facesse problema. La questione invece, anche relativamente al dialogo con la tradizione, è molto interessante da affrontare, anche nel senso di come l'arte sia capace di trasformare l'orrore in bellezza formale ed esperienza di verità. Proprio come poteva accadere a chi ammirasse il toro di Falaride arroventato. Quanti abissi sono stati coperti da rose di questo tipo, come avrebbe detto Saba; ma le donne, in molti casi, non erano in mezzo alle rose, bensí tra gli abissi.

E tuttavia, la messa ai margini delle donne, anche delle donne artiste, appartiene a una storia piú complessa delle loro biografie individuali, perché non si è compiuta soltanto applicando in maniera monologica la condizione mai discussa di un canone essenzialmente maschile. La storia delle moltitudini perdute non si fa riportando in salvo i nomi propri e basta; per questo lo spazio delle donne da guardare non potrà essere solo quello delle eccezionalità miracolate o delle eroine.

Come avviene nelle vicende di insediamento dinastico, gli strumenti piú efficaci di annullamento delle altre identità, in quanto soggetto, passano dalla distruzione della sua storia, oltre che della sua persona. Non si tratta tanto e solo di colpire esistenze e opere individuali, ma di fare *tabula rasa* delle genealogie. È estirpando la storia sociale e culturale dei gruppi non dominanti che si indebolisce e si manda in malora, infatti, la possibilità di una tradizione, di un racconto e di un dialogo tra le generazioni. E cosí lo spazio delle donne è stato e continuerà a essere estirpato tutte le volte che si nega importanza alla storia sociale delle donne come presenze importanti (anche invisibili) della vita politica culturale e materiale di un Paese: le donne in guerra studiate da Bianca Guidetti Serra e Anna Bravo, le donne dentro le istituzioni, o la storia del movimento operaio, le donne, soprattutto, come protagoniste della storia della scuola italiana e di molte altre forme di lavoro culturale (per esempio la storia della traduzione o la storia dell'editoria). Ragionando in termini di disuguaglianza, non basta fare un corso, una conferenza, una tesi su un'autrice, un articolo, se la sua opera non viene restituita allo spazio della storia da cui è stata sradicata, e, assieme ad esso, alla genealogia culturale e artistica a cui appartiene.

Il Novecento è stato il secolo delle donne: del lavoro delle donne. Lo storico Eric Hobsbawm, di cui si ricorda sempre la definizione che ha dato del Novecento come «secolo breve», ha anche scritto che la rivoluzione femminile è stata l'unica rivoluzione riuscita del Novecento. È vero, per molti aspetti, tranne che sul piano della memoria collettiva riconosciuta e condivisa, se, ancora, i film dedicati al femminismo, per fare il primo esempio, si contano sulle dita di due mani al massimo, al contrario delle finzioni serie, delle narrazioni e contronarrazioni dedicate per esempio ai cosiddetti «anni di piombo». Nel titolo di un libro importante del 1978 la scrittrice e attivista statunitense Tillie Olsen ha usato una parola chiave per chiamare il continente nascosto attraversato da differenze e contraddizioni, eppure ugualmente abitato dalla scrittura delle donne, la storia della classe lavoratrice e dei neri: *Silences*, silenzi.

Cosí, accanto a un'idea chiusa e autoreferenziale di canone, silenziando la presenza delle donne si è legittimata anche una cultura del controllo sociale, persino capace di trasformare in gioielli le ossa di chi andava bruciato dentro il toro di Falaride.

Il Novecento è doppiamente il secolo della paura delle donne. La paura che si è fatta alle donne; e quella che le donne hanno fatto, man mano che diventavano sempre di piú soggetti della storia: organizzandosi per l'emancipazione, entrando nel mondo del lavoro, inventando il cinema (Alice Guy), cominciando, per esempio, a interrogarsi sui modi in cui gli uomini le guardavano e su come quel tipo di sguardo potesse essere decostruito, smentito, rovesciato, vissuto non come universale. La fortuna della cultura visiva e visuale della seconda metà del Novecento, in quanto disciplina e territorio artistico da esplorare, riguarda profondamente e capillarmente questo insieme di aspetti, sebbene ancora si stenti a riconoscerlo. Occuparsi della contemporaneità (anche letteraria, non solo letteraria) significa vedere questa complessità e metterla in prospettiva. Proprio per restituire alle donne un'esperienza storica che appartiene a tutte e tutti noi. Lo spazio delle donne è lo spazio della storia.

Come matte, come sante, vergini suicide, malate, morte giovani, puttane, isteriche o ninfomani, come streghe, zitelle e bruttone: quasi sempre le donne che ce l'hanno fatta a non essere sommerse dall'oblio sono state consegnate all'immortalità a condizione di un'eccezionale stranezza di vita e di temperamento, che di fatto le ricollocava comunque fuori dalla storia. Come se l'unica condizione per meritare una visibilità fosse appunto la singolarità da *outsider*. Questa sorta di paradigma di memorabilità *borderline* racconta simultaneamente due situazioni. Per un verso ci dice il prezzo sociale pagato dalle donne che hanno scelto di mettersi in uno spazio non previsto, *atipico*; per l'altro verso, quello che ci aiuta di piú a capire come le donne siano state estirpate dalla storia, questa modalità *sui generis* della celebrità femminile racconta anche il modo in cui le biografie delle donne possono essere state reinventate e conformate a un sistema patriarcale. Uno degli esempi piú iconici che potremmo fare è quello di Cleopatra (70-30 a. C.), che, come ho scoperto meglio leggendo Griselda Pollock e attraverso il lavoro di un dottorando egiziano, fu donna indipendente, studiosa e pensatrice coltissima, passata alla storia, nell'immaginario popolare, unicamente come campionessa di seduzione, regina capricciosa, accentratrice e «mangiatrice di uomini». Del resto, se peschiamo dalla cultura pop, come mostrano anche le strisce molto divertenti dell'illustratrice Gemma Correll (https://thenib.com/historical-women-as-seen-on-tv/) le grandi donne della storia sono spesso raccontate dalle fiction televisive e dal cinema per qualità fisiche che dirottano l'attenzione sui loro capelli, sui loro abiti, sul loro *charme*, piuttosto che sulla loro importanza pubblica. Il fatto, però, è che questo modulo non caratterizza solo la cultura di intrattenimento (dentro la quale avrebbe anche un senso), perché è un modello storico-critico naturalizzato, come possiamo capire anche con l'aiuto di un libro di Carolyn G. Heilbrun, *Scrivere la vita di una donna*, uscito nel 1988 e pubblicato due anni dopo da La Tartaruga edizioni, la casa editrice fondata nel 1975 da Laura Lepetit, femminista che ha fatto un lavoro straordinario per tirare fuori le donne dalla pattumiera della storia.

La domanda, infatti, è particolarmente appropriata, per capire lo spazio delle donne: come si guardano e come si studiano l'opera e la vita di un'autrice? Pensare la biografia di una donna significa comporre il significato cruciale e la rilevanza pubblica della sua vita come del suo lavoro. L'una e l'altro, di solito, sono stati confusi, in un lessico stereotipato e riduttivo.

Cosí non solo spesso le donne, o le loro opere, sono state dimenticate, ma è stato svuotato di significato e serietà il modo in cui avevano scelto di appartenere al mondo: il loro impegno, le loro esperienze e relazioni intellettuali (comprese le amicizie e le alleanze con altre donne, che in molti casi, per esempio in quello delle lettere di Hannah Arendt a Mary McCarthy o di Cristina Campo a Mita [Margherita] Pieracci, possono spiegare una biografia culturale molto piú dei mariti o dei figli).

Quante volte si intercetta il nome della scrittrice Aleramo solo a proposito della lista morbosa delle sue torbide relazioni – limitata, per carità, alle passioni eterosessuali, occultando che gli amori piú travolgenti furono con le donne (moralismo e sessismo camminano spesso abbracciati). Sibilla Aleramo è ancora nominata dai manuali solo per la relazione con Dino Campana.

Oppure potrà trattarsi dell'insistenza sulle fragilità emotive o sulle esuberanze di temperamento, spesso stigmatizzate con l'uso di soprannomi beffardi («Miss Uragano» per Jessie White Mario, autrice di uno studio sulla povertà come questione sociale tra i piú seri del suo tempo: *La miseria in Napoli*, 1877); il ricorso a formule confidenziali (come l'uso esclusivo del nome proprio, anche rispetto a donne che hanno ricoperto alte cariche istituzionali, come «Nilde», invece di Nilde Iotti, la prima donna a presiedere la Camera dei Deputati); o ad appellativi riduttivi come «Matildella» (Serao) per la prima donna che in Italia ha fondato e diretto un quotidiano, «Il Corriere di Roma» e «Il Mattino» nel 1892; o all'indicazione automatica della condizione coniugale (Anna Banti: la moglie di Longhi; Paola Masino: la moglie di Bontempelli); oppure, piú volgarmente, all'uso esplicito di battute misogine. Tutto questo ha favorito un paradigma aneddotico, pettegolo e romanzesco anziché critico (come accade anche alle leader politiche, o alle scienziate, o alle campionesse sportive citate per nome e basta). In piú, è un modo di collocare le donne nella storia per *flash* e singolarità fenomenali, annullando il senso del loro lavoro culturale: l'importanza che hanno avuto partecipando a progetti nuovi di società, come artiste ma anche come studiose, autrici, figure politiche, voci di rilievo. Dare spazio a questi aspetti, per raccontarli, per studiarli, per farli vedere, significa restituire esperienza storica alle donne, ma, al tempo stesso, offrire dei modelli di società, rimettere in asse il passato. In molti casi significa pure vivere con piú consapevolezza il senso del proprio lavoro, anche attraverso l'uso delle parole (o persino delle immagini, se si pensa alle tante copertine sbagliate e volgari usate per i libri riguardanti le donne). Perché il punto è che se rimani neutrale in una situazione di ingiustizia non significa che sei equidistante, ma che stai dalla parte degli oppressori, come ricordava spesso Ruth Bader Ginsburg, la seconda donna entrata a far parte della Corte d'appello degli Stati Uniti.

Capitolo secondo
Spazi del genio e della creatività

Lo spazio del coraggio.

Giurista, magistrata e accademica statunitense, giudice prima della Corte d'appello, poi della Corte suprema degli Stati Uniti, Ruth Bader Ginsburg (1933-2020) ha dedicato tutta la vita ai diritti delle donne e all'uguaglianza di genere. Alla sua morte, hanno molto circolato alcune foto di classe, risalenti agli anni Cinquanta, che la ritraggono negli anni in cui studiava Giurisprudenza a Harvard. In quei ritratti, Bader è l'unica femmina, tra decine di maschi. Di cosa ci parlano quelle immagini? Soltanto di una ragazza eccezionalmente brava, che è l'unica donna che si merita di stare in mezzo a centinaia di uomini; o delle centinaia di ragazze rimaste fuori dall'opportunità di entrare a Harvard? In questo capitolo, passando da vari territori tematici, vedremo come le due possibilità di risposta, se rinchiuse in un *aut aut*, come accade di solito, formano una falsa verità, oltre che una trappola di genere. Nel senso che la ventenne Ruth Bader non era o l'una o l'altra cosa, ma entrambe, vale a dire una studentessa straordinaria, e nondimeno anche, come lei stessa ha spiegato di sentirsi, nei suoi libri, una persona appartenente al genere e all'esperienza storica delle tante ragazze rimaste fuori dall'inquadratura. Una donna che ha avuto il coraggio di lavorare anche per la dignità di tutte. Tenere assieme queste due situazioni è un esempio di come possiamo rielaborare il passato, e lo spazio delle donne, trasformando il fuori campo, nel senso di tutto ciò che è accaduto o è stato lasciato fuori dal campo della rappresentazione storica, in fuori campo attivo, vale a dire in pensiero, discorso e visione che restituiscano presenza a ciò che è stato fatto tacere.

Nelle pagine precedenti, usando gli spazi emblematici del recinto, dell'abisso, dell'interstizio, della mappa e del fuori campo attivo, abbiamo parlato dell'importanza di conquistare una prospettiva che ci faccia guardare, simultaneamente, sia allo spazio che le donne *non hanno avuto*, in una società andata avanti per secoli secondo un sistema patriarcale; sia allo spazio che d'altra parte *hanno avuto*, ma che è stato reso invisibile, irrilevante, dimenticabile, o persino caricaturale. Si tratta per lo piú, in questo secondo caso, di storie di coraggio, di lotta, non solo individuale, ma collettiva, a cui le donne hanno partecipato ora da protagoniste ora da soggetti subalterni e messi ai margini da forme di disuguaglianza e irrilevanza naturalizzata. Per comporre questo spazio, dove le donne ridiventino presenze e corpi sociali (dentro una storia plurale), anziché fantasmi, miti e proiezioni ideali, si tratterà anche di smettere di avere paura della retorica (e spesso dell'ignoranza) intorno al femminismo. La prima cosa di cui non aver paura è la parola stessa. È tanto bizzarro, infatti, quanto vero. Da molte parti, per esempio in Italia, circola e agisce con forza una sorta di automatismo del linguaggio per cui risulta molto piú facile e frequente, spesso anche per le donne, dichiararsi antifemminista piuttosto che antimaschilista. E cosí, anche quando le cronache improvvisamente sollevano un caso di sessismo, ecco che potrà capitarvi di leggere articoli dove la percentuale di battute contro le femministe è superiore ai casi in cui si pronuncia la parola che sarebbe piú logico usare: maschilismo. Può essere utile chiedersi quali spettri producano una cosí strana confusione di piani, e se una simile noncuranza possa servire, anche in buona fede, a mantenere in vita un dato spaventoso registrato dall'Istat: le donne che trovano la forza di parlare e denunciare le molestie dei propri partner non raggiungono, in Italia, nel XXI secolo, la soglia del 13 per cento. Sembra difficile trovare il coraggio di parlare in un sistema simile.

Il femminismo, cosí come viene raccontato, cosí come si accetta indifferentemente che venga raccontato pensando che sia soltanto un affare da donne, assomiglia spesso a una malattia, a un guaio, a qualcosa che morde e di cui si può spensieratamente ignorare tutto. Lo dimostra ancora una volta l'uso (e l'abuso) della parola «femminismo» come se fosse il termine opposto di «maschilismo» (del tipo: pregio *vs* difetto). Il femminismo non è il contrario del maschilismo, anzitutto perché nasce come risposta alle logiche di potere patriarcale (maschilista) che per secoli hanno dominato il mondo, negando diritti e libertà. E neppure il femminismo è l'orientamento di chi tifa per le femmine, in alternativa ai maschi, come se fossimo a una partita di quartiere. Da tempo, tra l'altro, anche la cultura LGBT ha mostrato i limiti di un'idea del genere chiusa nell'alternativa tra mascolinità e femminilità.

Il femminismo, anzi i femminismi, hanno riguardato alcune delle esperienze piú significative della storia politica culturale e sociale del Novecento, non solo in Italia, non solo in Europa; e sono e saranno teatro di molti scontri ed equilibri delle società multietniche e postcoloniali del nuovo millennio. Esistono femminismi differenti, variamente riferibili a diversità storiche, geografiche, culturali, prospettiche; ma intanto è utile fissare il punto essenziale che tiene assieme tutte le vicende, ripartendo dalle definizioni piú diffuse, per esempio quella dell'Enciclopedia Treccani online, che definisce il femminismo come «movimento di rivendicazione dei diritti economici, civili e politici delle donne; in senso piú generale, insieme delle teorie che criticano la condizione tradizionale della donna e propongono nuove relazioni tra i generi nella sfera privata e una diversa collocazione sociale in quella pubblica». Nel prossimo capitolo fisseremo alcuni dati precisi che danno sostanza storica alle parole appena lette. Per adesso, intanto, si può dare ascolto a una definizione cosí chiara con l'aiuto di altri due elementi. Il primo è un fatto: la violenza domestica e i femminicidi, come spiegano le statistiche e l'economia politica, crescono là dove è piú alta la disuguaglianza di genere (come situazione materiale e come orizzonte culturale). Il secondo elemento, invece, è il fenomeno curioso e a maggior ragione significativo a cui già si accennava sopra. Nel discorso comune e nell'opinione pubblica, nominare il femminismo in tanti casi suscita immediatamente reazioni difensive; dichiararsi femministe, o femministi, vale a dire, anzitutto, contrarie e contrari al sessismo (cioè alla violenza e alla discriminazione di genere), può spesso significare essere subito situati in una storia di rabbia, di rivendicazione, anziché in una vicenda di liberazione costruita nel tempo e nelle azioni – anche questo è uno di quei casi di reinvenzione o “estirpazione” delle biografie di cui si parlava nel capitolo precedente. I femminismi non sono, però, perturbazioni o perfino patologie dell'anima, ma esperienze storiche internazionali, variamente articolate, che vanno capite e studiate dentro il mondo di eventi di cui fanno parte, anziché dentro le immagini riduttive in cui sono state categorizzate e oscurate – anche da molti intellettuali che seriamente (a loro avviso) potrebbero nominare il femminismo solo per parlarvi di donne con gli zoccoli e maxigonne a fiori, negli anni Settanta. Il modo in cui le riflessioni e le battaglie di almeno un secolo e mezzo hanno messo in discussione le coordinate assolute e oppressive del sistema patriarcale non hanno soltanto prodotto traguardi materiali, ma conoscenza, immaginario, lotte civili: sono risorse (di esperienze e di cultura), per dialogare con una società presente sempre piú sollecitata dall'incontro tra idee diverse di civiltà che puntualmente si confrontano e si scontrano sul corpo, sui destini e nello spazio delle donne.

Sembra già un film, ma ancora non è stato fatto. Provate a pensare all'impatto anche visivo che poté procurare, in una mattina di luglio di mezzo secolo fa, la scoperta, sui muri di Roma, del manifesto di Rivolta Femminile (basato su un testo preparato da Carla Lonzi, Carla Accardi e Elvira Banotti). Era il 1970. Carla Lonzi (1931-1982) è un'autrice di riferimento del pensiero femminista mondiale, ma in pochissimi, nelle scuole e nelle università italiane, saprebbero dire chi fosse, e questa lacuna, questo buco nero, per cosí dire, è prima di tutto critico e culturale. Fate conto di immaginare qualcosa di simile per il manifesto del Futurismo (1909). Prenderemmo sul serio chi ci dicesse: io non aderisco al manifesto del Futurismo *e dunque* ignoro e non studio, non insegno, non considero la presenza del Futurismo, e per giunta me ne vanto, perché sono antifuturista? No.

Come vi confermerebbero le mie classi di Letteratura contemporanea, personalmente ho una preferenza per il Futurismo, perché penso che, in termini di linguaggio artistico, abbia compiuto una rivoluzione radicale e irreversibile, per esempio nell'invenzione letteraria e visiva di un'esperienza nuova del tempo e del movimento. Ebbene, in molti sensi il femminismo ha fatto anche di piú. Provate a ricordarlo, la prossima volta che troverete in un manuale di storia letteraria il manifesto scritto da Filippo Tommaso Marinetti, senza incontrare Carla Lonzi, o Sibilla Aleramo, o Virginia Woolf, neppure nell'indice dei nomi.

Le nostre antenate.

Coraggio, dal latino *cor*, «cuore». Il cuore, la forza d'animo di lavorare, di lottare per la dignità di tutte, spesso l'una per l'altra. Questo scenario di reciproca considerazione non è stato un capitolo occasionale tra i tanti, nella storia delle arti europee novecentesche – nel romanzo, nel cinema, nella poesia, nella filosofia, nella saggistica, nella fotografia e in generale in tutte quelle arti che hanno rivoluzionato se stesse proprio a partire dalla sperimentazione di un nuovo modo di guardare e far vedere le donne. Non sono situazioni eccezionali o particolari aneddotici. Il Novecento abbonda di grandi opere nate non *nonostante* o *anche*, ma proprio *grazie* alla determinazione e alla linfa creativa che le artiste hanno sprigionato attraverso la loro appartenenza al suffragismo o al femminismo, o comunque sia a storie di confronto e scontro intorno allo spazio e alla condizione di disparità delle donne. La lezione del cinema di Cecilia Mangini, Agnès Varda, Chantal Akerman, il modo preciso in cui le tre registe, come molte altre, reinventano la scena e fanno lavorare la macchina da presa, sono inseparabili da questa situazione, che non è presupposto ma essenza del loro lavoro. Piú che di un incontro, si tratta insomma di un incrocio tra la storia della cultura artistica moderna (sotto forma di romanzi, racconti, arti visive) e il femminismo come conquista di un diverso spazio per le donne. Marina Abramović e le artiste tedesche femministe degli anni Settanta non sono appartenute a una stagione passata presto di moda. Con le loro opere, installazioni e performance hanno fatto ripensare a modi differenti di sperimentare la relazione tra corpo mente e spazio; quei modi, in maniera capillare e spesso impercepita, hanno influenzato tutti i linguaggi di ricerca. La distopia, vale a dire l'invenzione romanzesca di spazi immaginari e futuri allestita da Margaret Atwood (*The Handmaid's Tale*, 1985; *Il racconto dell'ancella*) è solo l'esempio forse piú noto che potremmo citare di un legame importante tra consapevolezza di genere, espressione e forma che le artiste hanno collaudato in ogni tempo. Nel caso della scrittura letteraria, tale intreccio ha prodotto la sperimentazione di scritture nuove che ibridano generi, voci, sguardi, linguaggi, inventando spesso opere *ricucite*, per cosí dire, proprio come il personaggio di Frankenstein di Mary Shelley. Possiamo pensare, per esempio, al romanzo gotico, alla narrazione fantastica, al *memoir*, alla fototestualità, al *personal essay*, alla biofiction e persino all'autofiction, venuta di moda recentemente, soprattutto da quando la praticano anche gli autori, ma in realtà sperimentata dalle donne tanto tempo prima – possiamo limitarci ai libri di Lalla Romano, o a *Autoritratto di gruppo* di Luisa Passerini (1988). Recuperare tale complessità, procurandosi le competenze e i codici necessari – che, evidentemente, non sono soltanto di tipo retorico –, ci farà capire meglio, anche in termini di costruzione formale, opere d'autrice fondamentali. Equivale a riconoscere il coraggio delle donne, anche in termini di qualità dello stile.

Di conseguenza, non avere paura del femminismo servirà a sfatare molti altri miti di naturalezza istintiva o di devianza collaudati sulle donne, per controllarne socialmente la vita e la memoria, tenendole fuori – *naturalmente* – dai canoni delle grandi opere, dalle gallerie d'arte, dal lavoro, dalle memorie, dai programmi di ricerca e dai finanziamenti internazionali (attentissimi, per esempio, anche nel campo degli studi scientifici ed economici, alla presenza delle donne attestata dalle bibliografie). Una delle narrazioni piú false, pretestuose e nocive, per esempio, è il grande mito divisivo del merito, che riprenderemo anche nel prossimo capitolo; o la diffusa leggenda, che stiamo per affrontare, della mancanza di solidarietà tra donne: di classe, di cultura, di etnia. Al contrario, la lotta al classismo, al sessismo e al razzismo si sono spesso incrociate nella modernità. Adesso che gli assetti sociali del mondo postcoloniale sono sempre piú abitati da soggetti storicamente subalterni che conquistano voce, piú di una volta le donne sono state o potranno essere cancellate, dopo essere state grossolanamente e ipocritamente inserite nelle file degli oppressori. Quando invece, nell'arco degli ultimi due secoli, proprio le autrici che piú hanno combattuto contro la disparità di genere sono state anche le stesse che hanno dedicato sguardo e scrittura alle realtà altre e popolari. Per esempio Flora Tristan (1803-1844), francese di origini peruviane, che nel 1835 pubblicò il *pamphlet*, oggi piú che mai attuale, *Nécessité de faire un bon accueil aux femmes étrangères*. Cinque anni piú tardi, nel 1840, usciranno anche le *Promenades dans Londres* (*Passeggiate londinesi*), un racconto dedicato ai bassifondi popolari di Londra e allo sfruttamento delle classi operaie – restituiamo attenzione alle date: era il 1840, cinque anni prima de *La situazione della classe operaia in Inghilterra* di Engels. Mentre in Italia i racconti di Caterina Percoto (1812-1887) o di Matilde Serao tengono uniti, di nuovo, l'interesse per l'educazione e la condizione delle donne e quello per la miseria del popolo. Come accadrà, nel secolo dopo, anche nei libri di Elsa Morante, tra cui il grande romanzo *La storia* (1974), o nei romanzi civili di Fabrizia Ramondino sui disoccupati napoletani o di Giuliana Saladino sulla mafia (per esempio *Terra di rapina*, 1977) e le donne.

Fare da sfondo, da trofeo a imprese epiche, storie e conflitti impersonati e interpretati virilmente da grandi eroi: questo, per molti secoli, è stato il mandato storico delle donne consegnato alla fama dalle narrazioni. Donne bellissime, sensibili, oppure tonte e superficiali, rilevanti solo perché spogliate ed esposte al desiderio di altri, e possibilmente tenute in scena in posizione distesa. Nessun corpo, forse, è mai nudo, ma certamente quello piú abbigliato di tutti è stato, molte volte, proprio quello femminile, anche e soprattutto quando era apparentemente spoglio, e tuttavia cosí rivestito da modi di guardare altrui.

Eppure intanto vivevano anche altre esperienze (estirpate, inabissate, finite nella pattumiera, tagliate dalle mappe collettive del tempo), che dialogano ancora, invece, con il presente. Vite intere, per lo piú di autrici, dedicate alla ricostruzione di queste biografie perdute possono aiutarci a ripercorrere quel fuori campo. Sul piano letterario, per esempio, il nostro viaggio potrebbe passare anche da Mary

Wollstonecraft (1759-1797), madre di Mary Shelley (l'autrice di *Frankenstein*), e tra le prime combattenti per i diritti delle donne, come scrisse di lei George Eliot. Nei *Pensieri sull'educazione delle figlie*, scritto poco prima di *A Vindication of the Rights of Woman* (1792), Wollstonecraft insiste su come proprio la diversa educazione tenga le donne in una posizione di subalternità culturale e sociale dannosa e ridicola – sono gli aspetti a cui si dedicherà in Italia Anna Maria Mozzoni (1837-1920), scrittrice, femminista, traduttrice di *The Subjection of Women* (1869; L*a servitú delle donne*) di John Stuart Mill.

Wollstonecraft usa il romanzo, come genere di scrittura, per costruire attenzione sui «modi di esistere» femminili; inventa trame di emancipazione e di fuga dagli spazi in cui le donne hanno ragione di esistere solo se «date in sposa», raccontandoci di ragazze che conquistano l'indipendenza grazie al lavoro e alleandosi con le proprie simili. *Mary*, per esempio, è un romanzo di riaffermazione di sé attraverso una relazione femminile, perché la protagonista sceglie di prendersi cura di un'amica senza mezzi «come se si trattasse d'una signora d'alto rango». Ecco come risponde Mary a un crocchio di signore pronte a dispensare luoghi comuni spacciati per buoni consigli:

> agitando impaziente la mano esclamò: «Non posso vivere senza di lei! Non ho nessun'altra amica; se perdo lei, che deserto diverrà per me la vita!»
>
> «Nessun altro amico» fecero eco le altre. «Non avete un marito?»[1].

«Se perdo lei, che deserto diverrà per me la vita». Molto probabilmente il sentimento di Mary è amore,

[1] MARY WOLLSTONECRAFT, *Mary* [1788], trad. it. di Giulia Arborio Mella, elliot, Roma 2017, p. 38.

non solo amicizia, come si diceva ipocritamente in un'epoca in cui l'esperienza lesbica era innominabile.

Di educazione delle donne, di indipendenza conquistata attraverso il lavoro e di amicizia femminile parla anche l'opera di Louisa May Alcott, estimatrice della biografia di Charlotte Brontë scritta da Elizabeth Gaskell – un libro che assomiglia alla biografia di Matilde Serao scritta da Anna Banti. Come si vede, la mappa da ricostruire è molto ricca. E non sono spigolature aneddotiche quelle su cui stiamo facendo spazio, bensí spie di una fittissima trama genealogica di relazioni e reciprocità. Il romanzo piú ignorato e piú impegnativo di Alcott, per esempio, per certi aspetti anche quello piú avvincente, è *Lavoro. Una storia di esperienze* (*Work. A Story of Experience*, uscito in volume nel 1873). La protagonista, Christie Devon, svolgerà vari mestieri servili (come domestica, stiratrice, lavandaia, dama di compagnia e finalmente infermiera militare) pur di realizzare la sua ambizione di autosufficienza. Nella scena conclusiva del romanzo, che la pagina rende anche piú visualizzabile grazie a una significativa illustrazione, ci sono sette donne, appartenenti a generazioni diverse (compresa Hepsey, ispirata all'attivista nera Harriet Tubman, che ha combattutto per l'abolizione della schiavitú e per il suffragio femminile: due passaggi che nella storia hanno camminato assieme). Raccolte attorno a un tavolo circolare, su iniziativa della protagonista le donne uniscono le loro mani, in una simbolica immagine di solidarietà che ricostruisce una genealogia solida di alleanze, in una promessa di «lieto fine»:

> Con un gesto impulsivo Christie allungò le mani verso le amiche che la circondavano e di comune accordo esse adagiarono le proprie sulle sue, una lega di sorelle piene

> d'amore, vecchie e giovani, nere e bianche, ricche e povere, ciascuna delle quali era pronta a fare la propria parte per velocizzare l'arrivo del lieto fine[2].

Alcott parla di una «lega di sorelle» per nominare al tempo stesso uno stato presente e un progetto futuro. E lo fa costruendo uno spazio delle donne fatto di storie di lavoro (*Work*) e di esperienza: *A Story of Experience*.

La paura di essere brava.

È facendo esperienza di uno spazio comune, e spesso pubblico, dove ascoltarsi le une con le altre per non sentirsi piú sole che molte donne, nel corso della storia, hanno costruito le condizioni e la casa della propria indipendenza. La leggenda del successo isolato è, in molti casi, un pretesto ideologico e divisivo pienamente coerente con un immaginario maschilista (che può essere anche trasversale). E poiché il modo in cui ti raccontano e ti racconti che stai al mondo può diventare non solo la buccia ma la polpa stessa dell'identità, ecco che la narrativa per cui le donne si rubano – si devono rubare – lo spazio a vicenda, come se fossero sempre delle cortigiane in attesa di essere riconosciute dal re, ha funzionato, nel tempo, come forma o struttura di vita profonda.

La mentalità per cui una donna, per essere e sentirsi brava, deve far fuori tutte le altre (che sono dunque soltanto rivali) diventa invece una retorica svuotata di senso nella narrativa di Louisa May Alcott, come in Aleramo e in tante autrici ancora, puntualmente

[2] LOUISA MAY ALCOTT, *Lavoro. Una storia di esperienze* [1873], trad. it. di Elisabetta Parri, Robin Edizioni, Torino 2020, p. 473.

rimosse o categorizzate da formule che le situassero in uno spazio fuori dalla storia.

Di conseguenza, costruire memoria e prospettiva sulle battaglie politiche e sociali attuate dalle donne è indispensabile anche per reimpossessarsi di una vicenda pubblica collettiva, al contrario di un immaginario che ha piú spesso rappresentato e isolato le donne nei *clichés* narrativi della reciproca invidia (spesso intrecciata in trame di seduzione e conquista di uno *status* all'ombra di un uomo). Ora, le narrazioni sono un affare serio. Non sono soltanto nomi, cartellini, etichette, ma forme che diventano archetipi e vocazioni sociali, perché ci fanno esistere e sentire che si fa parte del mondo. Anch'esse, dunque, possono aver contribuito alla costruzione di una situazione che possiamo chiamare «cultura dello scoraggiamento sistemico».

Tuttavia, per dare continuità e non soltanto sopravvivenza a ciò che si intende qui per spazio delle donne, è bene provare a portar luce anche sulle zone di vulnerabilità piú oscure dove il linguaggio spesso non arriva, e che sono dunque le piú ambigue e vischiose, perché è lí, tra l'altro, che il potere di solito si insinua e lavora meglio. Potremmo parlare infatti, riprendendo una categoria di Fredric Jameson, di inconscio politico delle donne, per comprendere anche le fragilità riguardanti non solo, non tanto, un'essenza, e nemmeno il repertorio in buona misura inventato della femminilità. L'inconscio politico, o sociale, come chiave di accesso anche ai cosiddetti difetti "naturali" delle donne, può servire a ricondurre alla storia ciò che invece si spaccia (anche a noi stesse e a noi stessi) per immediato e spontaneo; e cosí può illuminare la maniera storica in cui, disabituate per secoli a gestire il potere e il sapere al di fuori di uno schema patriarcale, anche nei modi stessi in cui interagivano tra di sé, le donne hanno interiorizzato e vissuto come debolezza strutturale (talvolta anche con sentimenti di colpa o complessi) una condizione di svantaggio e di minorità sistemica, cioè relativa a un sistema storico di ingiustizie e asimmetrie piuttosto che a una incapacità personale.

Quante volte, da giovane, ho creduto di non essere all'altezza dei miei compiti se, svolgendo il mio lavoro di docente, certi studenti, e soprattutto studentesse, faticavano a riferirsi a me con la medesima disponibilità a imparare riservata naturalmente ai colleghi maschi della mia stessa età. Quante volte uno stile gentile (non "virilmente" autoritario e prepotente, e dunque contrario a un *habitus* accademico patriarcale) è stato insidiosamente scambiato per una forma di *maternage*, a cui riferirsi con modi impacciati e ambivalenti, che di nuovo toglievano spazio alla relazione lavorativa e formativa, rischiando di spostarla su codici personali. Credevo di essere inadeguata e barocca; ma piú semplicemente agivo da «aliena», come avrebbe detto Luce d'Eramo, nel senso che cercavo di muovermi in uno spazio strutturato e grammaticalizzato a misura di un mondo in cui il lavoro qualificato e professionale delle donne non era previsto, e dunque appariva meno serio, o poteva rimanere invisibile – anche nelle bibliografie. Questa condizione di stress normalizzato è, in realtà, uno dei punti centrali del nostro discorso, tant'è vero che ci torneremo tra poco. Ma, per procedere liberando lo sguardo dalle ombre, è bene far luce su un'ulteriore ambiguità sperimentata nelle relazioni tra le donne e cosí tante volte usata contro di loro, anche da parte di altre donne, accanto alla disabitudine sistemica. Si tratta dell'insieme di emozioni impure, per cosí dire, cioè non solo ideali e lineari; ma incarnate, talora, in atteggiamenti di imitazione competitiva, che possono arrivare al tradimento, oppure, all'opposto, all'ammirazione, fino all'emulazione per rispecchiamento, come dice la stessa etimologia (*admiratio*, da *admirari*, guardare – dal latino *miror*, la medesima radice che troviamo anche nell'inglese *mirror*, «specchio»). Pensate a tutte le volte in cui, nelle finzioni, appena entrano in scena conflitti di identità femminile, ecco che arrivano ritratti, specchi, riflessi e vestiti, possibilmente inventati, cuciti, persino strappati dalle madri o dalle matrigne, o dalle figlie. L'abito è *habitus*, cioè forma di vita, simulacro e minaccia di una continuità di destino tra madre e figlia – accade in *Cenerentola*, o nel racconto di Munro *Il vestito rosso*, o nell'*Amore molesto* di Ferrante, per limitarsi giusto a tre primi esempi, a cui si potrebbe avvicinare anche un film cosí di successo come *Il diavolo veste Prada* (2006). Il film è tratto dal romanzo omonimo di Lauren Weisberger, interessante perché, proprio attraverso le metafore degli abiti e della moda, dà vita a un racconto di apprendistato femminile che va avanti attraverso l'incontro e il conflitto tra la protagonista (Andrea, una donna giovane appena laureata che fa un tirocinio presso la redazione di una famosa rivista di moda) e la sua datrice di lavoro (Miranda, una donna adulta e temuta da tutti, degna di ammirazione, come dice il suo stesso emblematico nome proprio, da *mirari*). Andrea e Miranda appartengono a generazioni diverse, e proprio il sistema di sdoppiamenti e di ambivalenze su cui si gioca la trama evoca continuamente il fantasma della relazione primaria tra due donne, vale a dire la relazione madre-figlia. Cosí, è interessante notare come il film attivi anche un altro grande motivo che potremmo in effetti spiegare in termini di inconscio sociale e di disabitudine femminile a gestire il potere in uno spazio pubblico (compresa la disabitudine a riconoscere potere alle altre donne), perché *The Devil Wears Prada* – quel tipo di narrazione, la sua energia, il fatto stesso che per servirmi di un esempio chiaro adesso io stia usando proprio quel film – ci mostrano anche quanto sia forte, come idea, come emozione, come cellula narrativa, il pregiudizio per cui se c'è una donna adulta al comando, la donna giovane che la ammira e vuole imitarla non la vivrà come un modello professionale a cui riferirsi pacificamente, ma come una nemica da far fuori. E viceversa, in molti casi: la donna adulta, sentendosi minacciata, potrà trattare la donna giovane come una ragazzina, o perfino come un'usurpatrice. Sono regole grammaticali delle relazioni, paragonabili a quelle che assimiliamo quando impariamo a comunicare in una lingua. Qui agisce infatti un mito di rispecchiamento, e in questo senso una forma di narcisismo molto efficace e potente che le donne per prime devono riconoscere e decostruire, per decolonizzarsi. Anche per interrompere la legge fatale di autodistruzione a cui non sa sottrarsi Narciso, nel mito omonimo, a forza di cercarsi nel riflesso di sé.

L'ombra della relazione madre-figlia rivive continuamente nel faticoso *tour de force* che possono diventare le relazioni di diffidenza programmatica nei confronti delle proprie simili e delle storie che le riguardano. Ma, al contrario di quello che hanno raccontato tante opere, spesso le cose possono anche avere un esito felice – è la scommessa, per esempio, delle fiabe riscritte da Angela Carter.

Il mondo simbolico della madre (cosí lo ha definito Luisa Muraro, in un certo senso restituendolo alla civiltà) forma un'esperienza culturalmente complessa di cui le donne hanno diritto di riappropriarsi. La madre è la prima a raccontare le storie, è la prima garanzia narrativa dell'esistenza del mondo (precedendo in maniera significativa le figure del mercante e dell'agricoltore indicate da Walter Benjamin come archetipi unici della narrazione). Ciò malgrado, la relazione madre-figlia è stata assimilata alla classe biologica, considerata di solito non rilevante, confinata spesso negli stereotipi critici di genere, vale a dire che è stata considerata adatta a storie che leggono soltanto le donne, al contrario di quanto accade con il rapporto padre-figlio, celebrato come pilastro universale della civiltà occidentale, tanto da essere trasformato (e spesso bloccato) nella metafora fondativa del «complesso di Edipo».

Ma le relazioni tra donne fissano destini e idee possibili di civiltà, oltre che affetti. È proprio dalla reciprocità «congeniale» che può nascere la condivisione delle biografie e delle ambizioni – le amiche «geniali» sono sempre due persone simili, speculari, vale a dire l'una specchio dell'altra, anche nelle differenze. Proprio da lí sono nate relazioni e destini di amicizia decisivi, in senso tanto artistico quanto biografico. È su insistenza dell'amica Margherita Sarfatti che Ada Negri pubblica *Le solitarie* (1917), il suo primo libro, diventando un'autrice di successo. *Le solitarie* è una raccolta di diciotto novelle dedicate alla solitudine sociale, piuttosto che sentimentale, delle operaie, delle maestre, delle serve, insomma delle donne che lavorano in condizioni di emarginazione e di disuguaglianza.

Molti studi ormai ne parlano. Il successo mondiale della quadrilogia di Elena Ferrante ha intercettato e riempito anche il bisogno simbolico e culturale di una narrativa finalmente dedicata all'amicizia tra donne intesa non come semplice contenuto, ma come asse narrativo capace di dare struttura e senso al quadro storico di un'epoca. *L'amica geniale* non parla semplicemente di due amiche: racconta e guarda l'Italia del secondo Novecento attraverso la relazione di amicizia tra due donne.

Ma perché l'amica «geniale»? C'è del genio, effettivamente, nella scelta stessa di una parola cosí perfetta da trasformarsi in una moda, e che spesso in traduzione (*brilliant* per l'inglese; *prodigieuse* per il francese; *estupenda* per il castigliano), purtroppo, rende meno evidente la rivoluzione che può compiere un titolo. Sostantivo e aggettivo, infatti, riavvicinano ciò che di solito era separato. L'espressione restituisce al linguaggio l'abitudine a declinare il concetto di genio anche al femminile, in un mondo in cui, come già avevano scritto Virginia Woolf, o Carla Lonzi, l'unica possibilità di intendere e riconoscere il genio, in quanto potenza creatrice, è stata solo maschile. In coerenza con un sistema di meriti e di opportunità tanto piú ammirevoli proprio attraverso il paragone con la stupidità delle donne – le signorine, le maestrine, le serve, le donne alla guida, le commesse, le studentesse, le casalinghe, le scrittrici, le attricette, le lettrici. Il disprezzo nei confronti delle donne, infatti, in molti casi – è fondamentale capirlo – non è solo una *conseguenza* del maschilismo, ma è la sua principale *condizione* di esistenza e di autorappresentazione. Anche per questo l'intelligenza femminile, oltre a essere un imprevisto, poteva (può) essere cosí ingombrante («c'era quel particolare tono riservato alle donne: sí, bravina, ma che scrive a fare? Perché non se ne sta a casa?», ha poi raccontato Dacia Maraini di quando cercava un editore per il suo primo libro). La donna che pensa è scandalosa, ridicolizzabile, anche linguisticamente. *Blue stockings*, in inglese, o *bas-bleus* (calze blu), in francese, usato inizialmente per indicare dei club femminili, diventò presto il termine usato in senso spregiativo con cui da metà Settecento si indicavano con sprezzo le donne di cultura (chiamate anche «cervellini», *cervelines*).

La donna intelligente e capace di parola ma brutta (racchia), del resto, come il mito terribile della cosiddetta «sterilità mentale delle donne», è un grande luogo comune del pensiero scientifico patriarcale. Commentando una tavola pubblicata ne *L'uomo di genio* (1888), di Cesare Lombroso (il fondatore dell'antropologia criminale), dove sono raffigurate sei donne di genio europee e americane, l'autore osserva: «alcune donne geniali dei nostri giorni – che paiono uomini travestiti».

Insomma, esser brava per buona parte del Novecento ha continuato a significare essere strana, disubbidire, studiare per conto proprio, provare a fare come un uomo – senza avere mai, però, la libertà di sbagliare come un uomo. Ha voluto dire anche chiedere il permesso, come spiega bene un passaggio dell'autrice di *Amatissima*, uno dei romanzi piú belli del XX secolo, Toni Morrison (Nobel per la Letteratura 1993):

> Non che altre donne non l'abbiano detto da sempre, ma è difficile per una donna dire, Sono una scrittrice. [...] di certo lo era per me e per le donne della mia generazione, della mia classe, e della mia razza. Non so se dipenda da tutte queste cose, ma il punto è che stai uscendo dal ruolo indicato dal sesso. Non stai dicendo, Sono una madre, Sono una moglie. [...] Ho letto varie biografie, autobiografie e resoconti di come alcune donne sono diventate scrittrici, e in ciascuna ho trovato un breve aneddoto di quando qualcuno gli ha dato il permesso[3].

[3] TONI MORRISON, *L'arte della narrazione*, in AA.VV., *The Paris Review. Interviste*, vol. II, Introduzione di Orhan Pamuk, a cura di

Toni Morrison era nata nel 1931 in Ohio. In Italia da quasi un decennio si era instaurato il fascismo, e con esso un sistema violento di repressione delle libertà delle donne, che furono espulse dal lavoro e ricacciate in casa, a fare le massaie, come racconta Paola Masino in un grande romanzo, *Nascita e morte della massaia* (1945), di cui proprio il fascismo – ed è significativo – impedí la pubblicazione. Le donne furono tenute ancora lontane dal voto, e dall'educazione: «è meglio non farle studiare troppo le bambine, tanto si sposano, e cosa ci fanno con l'istruzione?» – come racconta nel romanzo *Pimpí Oselí* Elena Gianini Belotti (1995).

Rimettendo assieme questi fatti, possiamo ricostruire una cultura normalizzata dello scoraggiamento che per tutta la modernità ha continuato a nutrire ignoranza, pregiudizi, paure. Questa, anche questa, è la storia sociale dentro la quale ragionare di spazi delle donne.

Certamente in ambiti creativi diversi da quello letterario, per esempio nella medicina e nelle scienze, le cose possono essere state persino piú complicate, come osserva Dean Simonton in uno studio del 1994 citato da Annamaria Testa, perché la discriminazione di genere produce sbarramenti anche piú insuperabili là dove, per esempio, per studiare occorrono un'orchestra o un laboratorio ben attrezzato.

D'altra parte, per scrivere bastano una penna e un foglio di carta, come dice Simonton; ma per diventare scrittrici (o scrittori), in termini tanto di qualità del lavoro quanto di conquista della rilevanza e serietà di un uomo, serve un capitale di risorse e di

Philip Gourevitch, trad. it. di M. S. Abate, Fandango, Roma 2010, pp. 350-51.

motivazioni molto piú complesso, perché spesso non si parte da zero, ma da una terra straniera; e si resta straniere, rispetto a un senso comune che ritiene il genio maschile molto piú interessante e autorevole di quello femminile.

Quasi tutte le volte in cui un'autrice comincia a scrivere, ma vale anche per gli altri ambiti, è perché è riuscita ad aggirare un divieto, a darsi una motivazione, a infrangere il soffitto di cristallo o la barriera di luoghi comuni che fanno dire con naturalezza a una giovane donna, nel film *I segreti di Filadelfia* (Vincent Sherman, 1959), «sono stata addestrata a non avere talento». Una battuta folgorante, perché contiene due cose insieme, come la foto di classe di Ruth Bader Ginsburg che abbiamo commentato all'inizio di questo capitolo. Quella frase ci parla infatti di talenti mai fatti nemmeno esistere, come quello dell'immaginaria sorella di Shakespeare inventata da Virginia Woolf, in *A Room of One's Own*; ma quella battuta ci parla anche di quanto stress normalizzato ha comportato nel corso del Novecento (e ben prima, ben dopo) la scelta di scrivere sul serio, di studiare, di avere ambizioni professionali oltre gli spazi domestici e le carriere consentiti dal paternalismo benevolo. Questo ardire, questa presunta tracotanza, trasformata in mentalità, è stata fatta vivere e dunque è stata vissuta storicamente dalle donne come un oltraggio e un tradimento del proprio destino di genere. «Quando cominciai a scrivere, a tredici anni, fui contrariata dai miei», ha tenuto a ricordare Grazia Deledda dopo aver ricevuto il Nobel, nel 1926. Diventare scrittrice non significa solo conquistare, ma togliere, anche rinunciare a parti e possibilità di sé, e continuare, tuttavia, a sentirsi sempre esposte a un giudizio di stranezza. È per questo che praticamente tutte le donne sono diventate scrittrici affermando come prima cosa il bisogno di raccontare e motivare in che modo è accaduto, perché. Come se, per le scrittrici, per le artiste, per tutte le donne che hanno avuto l'ambizione di costruire una carriera, giustificarsi fosse un lavoro che non finisce mai. Fino al punto che la soluzione piú semplice può diventare talvolta mimetizzarsi, contraffarsi. La lunga lista di autrici che hanno scritto sotto pseudonimo, possibilmente maschile, prende alla lettera, in fondo, il paradosso di una libertà ottenuta solo se ti spacci per un altro – persino usando come cognome la marca di una marmellata, come ha fatto la scrittrice di fantascienza Alice Bradley Sheldon, firmando i suoi libri come James Tiptree jr.

E a chi osservasse che *I segreti di Filadelfia* è un film degli anni Cinquanta, e che nel frattempo le cose sono cambiate, possiamo rispondere: è vero, ma non cosí tanto e solo in certe zone del mondo, mentre qui si cerca di fare un discorso sistemico complessivo; in piú, pure dove le donne hanno fatto conquiste importanti di libertà e diritti, anche lí le cose non vanno ancora cosí bene o persino troppo diversamente, stando ai dati forniti ogni anno dal World Economic Forum relativi al divario di genere (definito «gender gap», e calcolato sui quattro indicatori della *salute*, *educazione*, *economia* e *politica*). In un panel che riunisce centocinquantasei Paesi al mondo l'Italia, per esempio, è al sessantatreesimo posto.

Le donne studiano, sono brave, persino piú degli uomini, finché vanno a scuola e all'università. Il talento per lo studio è un obiettivo effettivamente raggiunto, in parte e in certi luoghi. Ma quando si tratta di trasformare in opportunità di prestigio sociale e lavorativo questa bravura di base, di fare spazio, ecco che piú si sale e meno si incontrano donne, soprattutto donne non anziane, vale a dire a uno stadio della carriera in cui possono ancora avere le forze di dare vita a una genealogia e a una prosecuzione di sé, anziché a un culto isolato di sé. Come se la fiducia sociale nei confronti della bravura e dei meriti delle donne non fosse ancora sentimento pensiero e discorso comune. Anche questa si chiama, in certi casi, violenza.

Dove sono quelle come me? Chissà quante volte gli occhi di una ragazza, anche senza saperlo, cercano soluzioni a questa domanda. Ma è difficile, ancora, rispondere, quando stai decidendo cosa vorresti fare da grande, se tutte le donne intorno a te non hanno ruoli autorevoli, anche in senso gerarchico, ma si occupano di ruoli ausiliari o ancillari; a meno che non siano in età molto avanzata, o perfino morte.

Capitolo terzo
Spazi e frasi fatte del maschilismo benpensante

Il merito usato come retorica del dominio.

Ti lamenti sempre, non fare la vittima; sono tutti maschi perché vogliamo le persone competenti – non cerchiamo/studiamo/assumiamo/finanziamo/citiamo (la lista può continuare a lungo) solo uomini, ma chi è piú bravo; che esagerazione; vuoi farmi sentire in colpa; potevi parlare prima; non vorrei essere scelta perché sono una donna, ma per le mie capacità; ma io scherzavo! te la prendi sempre (o troppo); perché ti arrabbi? Sei aggressiva/emotiva.

Ecco, frase piú frase meno, il repertorio linguistico principale del maschilismo paternalista somministrato «a fin di bene», usato spesso per ammutolire, recintare, inabissare e lasciare fuori campo lo spazio delle donne. Nel primo e secondo capitolo abbiamo parlato di storie e categorie attraverso le quali rimettere in prospettiva il coraggio, la storia e la presenza delle donne. Nelle prossime pagine riprenderemo parole, risposte, slogan che funzionano da rumore di fondo del sessismo, e servono a dirottare e bloccare la comunicazione. Può trattarsi di sentenze lapidarie, battute memorabili, motti di spirito (pronunciati anche da donne abituate a considerarsi tanto piú intelligenti e autorevoli quanto piú parlano male delle altre donne). In genere, sono espressioni abbastanza vuote alla prova dei fatti, cioè non esprimono passaggi logici, ma funzionano per effetti, anche in senso sintattico, cioè sotto forma di detti fulminei e suggestivi, come un *flash*, sempre in fuga dai perché. Tuttavia, sono termini e definizioni da considerare (e smontare) con cura, perché realizzano una retorica monologica, per certi aspetti anche "colonialista", perché crede e fa credere di possedere e imporre, con il linguaggio, una maniera unica di sistemazione e comprensibilità del mondo.

Sono discorsi e schemi sentiti e risentiti, e proprio per questo insidiosi, perché, come una musica ascoltata migliaia di volte, si infilano tra le nostre parole senza una vera partecipazione della coscienza, riuscendo a condizionare ancora il modo in cui una persona giovane, per esempio, impara a confrontarsi col talento (la cosa piú incerta che esista), la voglia di studiare e la propria diversità. A maggior ragione, dunque, sono ordini del discorso da capire; non si tratta di dialogare con pseudoragionamenti cosí fallaci, ma di disattivarne il potere sulle persone piú colonizzabili – che possono appartenere a sessi, generi, culture differenti, uomini compresi. È importante precisarlo, infatti, in queste pagine dedicate alla retorica prepotente delle frasi fatte. Le identità piú pericolanti, vale a dire piú deboli, letteralmente e non per metafora, quelle che piú possono perdere spazio ed equilibrio nel discorso pubblico, spesso sono realmente e materialmente tenute in una posizione di minorità. Riconoscerlo è un atto di onestà critica, altro che una mossa vittimista.

Il merito è la parola chiave con cui le donne sono state piú spaventate (anche dalle proprie simili), imbambolate, e tenute lontane dall'idea molto concreta per cui l'uguaglianza conta proprio in senso materiale e numerico, se si vogliono raggiungere risultati alti.

«Ci sarai se/quando te lo meriti» o «le autrici ci saranno se/quando lo meritano» sono argomenti paternalistici quando vengono pronunciati in un contesto vistosamente asimmetrico e sbilanciato come quello, tuttora persistente, in cui nessuno, di solito, trova sensato chiedersi se gli uomini si meritano le cose.

Il merito, che nei discorsi del sessismo difensivo è trasformato in un valore assoluto e separato dalla storia, intrattiene una relazione di reciprocità e implicazione continua con l'ambizione (altra parola che a seconda del genere ha rivestito significati opposti, perché è una virtú sociale, se maschile; e un vizio morale, se femminile).

Abbiamo già parlato della situazione di stress normalizzato dentro la quale prende vita e voce, molto spesso, la creatività d'autrice. A questi argomenti possiamo aggiungere i risultati di molte ricerche di economia e filosofia politica – per esempio i recenti studi di Paola Profeta – che mettono in discussione la retorica del merito e della competenza usate come discriminanti assolute.

Ma, piú che altro, è tempo di smontare un pregiudizio ancor piú radicato e impercepito, e proprio per questo cosí efficace, vale a dire la sicurezza per cui chi è contro le quote di genere si collocherebbe automaticamente dalla parte del merito. È falso.

È falso perché chi è contro la parità lavora per l'egemonia e per il monopolio di un'unica classe, non per il merito, che, applicato cosí, misura una posizione di forza, non una qualità personale.

Come se, tra l'altro, non esistessero uomini, autori, professionisti mediocri che hanno ottenuto incarichi importanti solo perché erano uomini.

C'è uno spazio perfetto in cui mettere alla prova la capacità e il merito delle donne, senza discriminazioni di sguardo; uno spazio reale, per costruire la mappa del territorio dove verificare se, nelle situazioni eclatanti di disuguaglianza, il merito, anziché come abilità, ha funzionato piuttosto come assunto del dominio maschile. È lo spazio formato da una sequenza di date che dovrebbe essere l'orizzonte di ogni ricostruzione critica seria. Chi la ignora, o la tralascia, o la lascia fuori senza assorbirla, rischia di riprodurre un torto di conoscenza o una forma di malafede. Lo spazio di cui stiamo parlando è tracciato da una *timeline* sintetica, costruita sulla situazione italiana, per essenzialità del discorso, e che starebbe bene nei manuali, non solo di storia, perché offre coordinate certe, che non devono esser guardate e basta, o ricordate nei giorni di festa, ma funzionano da elementi sintattici della riflessione. Eccola:

1946 per la prima volta le donne (se hanno compiuto venticinque anni) hanno diritto di voto;

1963 divieto di licenziamento delle lavoratrici per causa di matrimonio;

1963 viene abrogata la legge (del 1919) che escludeva le donne da tutti gli uffici pubblici che implicavano l'esercizio di diritti e potestà politiche. Si tratta della legge n. 1176 grazie alla quale anche le donne, a partire dal 1965, potranno accedere al concorso per la magistratura;

1970 il Parlamento approva la legge sul divorzio (con 319 voti favorevoli e 286 contrari);

1971 ratifica del piano quinquennale per l'istituzione degli asili-nido comunali col concorso dello Stato;

1972 lo Stato italiano acconsente alla messa in vendita (dietro ricetta medica) della pillola anticoncezionale;

1975 si apre il Decennio delle Nazioni Unite per le Donne, durante il quale hanno luogo tre delle Conferenze mondiali sulle donne (Città del Messico, 1975; Copenaghen, 1980; Nairobi, 1985);

1975 riforma del diritto di famiglia (con la caduta della potestà maritale, e delle relative gerarchie e discriminazioni, il divieto di costituzione di dote, e la conseguente instaurazione di un rapporto paritario tra coniugi nella direzione della famiglia, la comunione dei beni come regime patrimoniale primario tra i coniugi, e il riconoscimento dei figli nati fuori dal matrimonio);

1977 parità di trattamento tra uomini e donne in materia di lavoro;

1978 legge n. 194 in materia di interruzione di gravidanza;

1993 Conferenza mondiale delle Nazioni Unite sulle donne a Vienna. Qui viene sancito un principio fondamentale: i diritti delle donne fanno parte dei diritti umani e sono quindi inalienabili e indivisibili;

1996 in Italia lo stupro diventa un crimine contro la persona e non contro la morale pubblica.

Sono dodici "momenti", che raccontano una rivoluzione ancora recentissima. Questo è lo spazio dove portare l'eloquenza vuota e tautologica del maschilismo benpensante e l'assunto incardinato ad essa per cui un canone tutto fatto da autori maschili parla solo di se stesso. Qui, nello spazio delle donne definito socialmente e storicamente da queste date, deve essere verificato il principio per cui il merito sarebbe l'esito *naturale* di una oggettiva disparità di valore. Non è lo spazio chiuso di una stanza: è lo spazio della storia, e ci parla, tra l'altro, di una ridefinizione istituzionale di equilibri patriarcali andati avanti per secoli. Questo, per esempio, è un modo efficace di costruire un fuori campo dinamico, quando lavoriamo sulle memorie e sulle macerie del passato. Se si lavora anche per trasmettere sapere, è un modo per far nascere domande significative, per esempio attorno a cosa scrivessero le donne; se, come o perché non scrivessero, mentre gli autori della modernità si spostavano liberamente da una capitale europea all'altra in cerca di successo.

Far esistere e far agire questa *timeline* nelle nostre pratiche di discorso servirà anche, volendo, a poter stabilire, con libertà, che il nostro romanzo o il nostro film preferito sono opera di un uomo. Cosí, difatti, vivrà la consapevolezza storica, critica e formale di far entrare nel giudizio rimozioni accadute senza far rumore, ma che potranno appartenere al nostro senso del fuori campo. Nella terra devastata dove le donne non hanno potuto studiare nelle accademie, andare in giro da sole, decidere del proprio destino, amministrare i propri soldi, o scrivere in una stanza tutta per sé, non è sempre facile incontrare autrici di capolavori, e anche se i mondi bui da illuminare sono molti, sarà tuttavia forse improduttivo pensare di aver trovato una grande opera appena si riscopra un'autrice dimenticata. «Dispatriarcarsi», come dicono le femministe sudamericane, può significare dialogare con la cultura che ci ha colonizzato, anche nel senso di reimpossessarsi della propria storia e di un linguaggio che parlava il dominio, ma intanto, è andata cosí, dava forma e senso anche al nostro lavoro, al nostro studio, e magari, talvolta, è persino servito ad avvelenare i pozzi. Per questo la *timeline* ci può aiutare a costruire nuove prospettive, oltre che a liberarci delle frasi fatte.

D'altra parte, quella sequenza testimonia pure la desolante assenza di molte altre tappe e date necessarie per arrivare alla parità di genere e al diritto dell'autodeterminazione dei corpi: il matrimonio tra persone dello stesso sesso (consentito da piú di vent'anni in Olanda), il diritto alla genitorialità anche al di fuori di una coppia. Nessun tipo di discorso critico, storico, culturale; nessuna presa di posizione sul merito e le forme di discriminazione sessista può prescindere da questa *timeline*, anche per ragionare su quanto sia giovane, se si è realizzata, la possibilità di una condizione condivisa e collettiva di uguaglianza, parità e rappresentanza.

Che il discorso pubblico sia cosí poco allenato a mettersi fuori dal patriarcato, e dalle sue relative forme di ignoranza sessista e di misoginia impercepita, lo mostra, del resto, anche la persistente e persino spavalda riluttanza sull'uso della desinenza femminile per le professioni socialmente prestigiose – «ministra», per esempio, un termine che ancora crea gli scrupoli linguistici che non hanno mai provocato parole come contadina, fornaia, cuoca, cameriera; ma d'altronde succede ancora di sentir usare «la donna» per antonomasia, come sinonimo di collaboratrice domestica, o peggio ancora di «serva».

Non si tratta di assimilare le date materiali della *timeline* come se fossimo a un corso di educazione civica. Ma di un modo sostanziale di restituire esperienza storica (spazio), profondità di campo alle donne; anche orgoglio sociale, se si vuole, perché erano invisibili, ma non assenti dalla storia; e si tratta di capire altresí, comprendere, vedere, e rivedere, il significato, pure formale, che avevano e hanno, per esempio, trame e destini raccontati da certe scritture o da certi film.

Riprenderemo il discorso nel prossimo capitolo. Intanto però provate, per esempio, a ripartire da quelle date, riconsiderando quanto sposarsi, per una donna, rappresentasse non solo un passaggio di *status*, ma una trasformazione fatale, che di solito coincideva con la perdita di ogni diritto sulla propria vita come su quella dei propri figli. Ripartite da questa situazione materiale, dall'impossibilità stessa di amministrare autonomamente i propri guadagni (compresi quelli provenienti dai diritti d'autrice) in assenza dell'autorizzazione maritale, per riconsiderare il peso simbolico del matrimonio nelle finzioni novecentesche delle autrici. Non come situazione eventuale, ma come dato reale, attestato, del resto, dalla stessa pratica normalissima, anche per le donne piú emancipate, di firmarsi usando soltanto il cognome del marito (Virginia Woolf, Natalia Ginzburg, Franca Basaglia, Alice Munro). Solo a partire dal 1975, infatti, la moglie può mantenere il proprio cognome – aggiungendovi però anche quello del marito (art. 143 bis del codice civile, mentre per il marito non è previsto nulla di simile). L'adulterio, che nelle storie scritte dalla parte degli uomini e dagli uomini, è spesso un'avventura, per le autrici può diventare un'esperienza letterale di morte di sé e perdita di tutto, spesso fino al suicidio – non tanto perché l'animo femminile sia piú soggetto alle burrasche amorose, quanto perché essere «disonorate» significava essere cacciate di casa e socialmente impresentabili – come accade alla protagonista di *Cenere* (1903), di Deledda. L'adulterio per una donna sposata era un reato, argomento plausibile per l'internamento coatto, in un mondo in cui le disposizioni sul delitto d'onore e sul «matrimonio riparatore» (a seguito di uno stupro) non appartengono alla preistoria ma sono state abrogate nel 1981. Il celamento del difetto di verginità (femminile, naturalmente) è giudicato sanzionabile dalla Cassazione fino al 1973 (data dell'ultima sentenza). Anche questi sono i dati rispetto ai quali interrogarsi sulla morale sessuale dei romanzi, al posto di generiche considerazioni sul godimento (maschile).

Non si tratta, allora, di occuparsi del cosiddetto «contesto», ma semmai di imparare a lavorare bene, perfino meglio, dentro la semantica dei testi, ricordando che la forma è contenuto sedimentato, rielaborazione in stile di esperienza, di vita, di lacerazioni (comprese quelle di un animo maschile spesso ossessionato dal sesso attraverso modelli di morale sessuale che riguardano piú il patriarcato e il dominio maschile che il conflitto con la madre).

Tante finzioni che ci parlano di emancipazione femminile mettono in scena collegi, scuole, conservatori, *spazi* coatti di educazione. Come accade anche nel famoso capolavoro del cinema muto *Diario di una donna perduta* (1929) diretto da Georg Wilhelm Pabst, interpretato da Louise Brooks, dal romanzo omonimo (1905) di Margarete Böhme (mai tradotto in Italia). Dopo che le è stata tolta la figlia, la protagonista, Thymian, che era rimasta incinta per una violenza da parte di un assistente del padre, viene messa in riformatorio, e qui farà amicizia con un altro «caso difficile» come lei: Erika, grazie alla quale scapperà.

L'ambientazione in una struttura educativa – spesso malintesa e banalizzata sulle piatte immagini della collegiale inquieta – non è un vezzo d'ambiente, ma una situazione doppiamente significativa, sperimentata dalla carne come dall'inchiostro delle donne:

l'adolescenza, che per i ragazzi è il momento dell'avventura, per le ragazze rappresenta il tempo dell'apprendistato alla repressione; la formazione è addomesticamento, piú che esplorazione. In una lettera a Ann e Leo Goodman del 27 aprile 1961 Sylvia Plath racconta di aver scritto «i tre quarti di un romanzo sulla storia del crollo nervoso di una ragazza del college» (è *La campana di vetro*, 1963). D'altra parte, dove c'è studio, educazione, dove ci sono anche le altre (amiche, rivali, ciò che conta è: persone come te), là può arrivare il sentimento della libertà e la possibilità di fuga, come accade nel gruppo delle otto studentesse universitarie di *Nessuno torna indietro* (1938), di Alba de Céspedes, o nel *Racconto dell'ancella* (1985) di Margaret Atwood.

Anche la scelta di soluzioni artistiche (letterarie, visive) che rappresentino un'esperienza radicale con il proprio corpo (come accade in molte scrittrici e filosofe mistiche); o la poetica per cosí dire "ritagliata" di molte autrici novecentesche, vale a dire composta di materiali espressivi frammentati e promiscui – attraverso il *memoir*, le prose ibride, forme brevi, modi diversi di mettere in trama (come fa anche l'artista Maria Lai); o l'uso stesso del cinema documentario si comprendono, proprio in senso stilistico, anche *per mezzo* delle situazioni fissate dalla *timeline* da cui siamo ripartite. È un modus operandi *per strappi*, come dice una poesia di Armanda Guiducci raccolta in un libro dal titolo emblematico: *A colpi di silenzio* (1982).

Sono vicende appartenenti a un mondo finito? Non ancora, o non del tutto, né dovunque, purtroppo. Per questo conta parlare dello spazio delle donne, usando parole nuove, e ispirandosi agli altri Paesi che, quando ragionano di rappresentanza, usano l'espressione «quote pari opportunità» o «uguaglianza» (*égalité*), invece della definizione puerile «quote rosa», che al massimo fa pensare a un album infantile.

«Mai vorrei essere scelta solo perché sono una donna»: e perché mai, che male ci sarebbe?, si ha voglia di chiedere a chi pronunciasse queste parole. Che male c'è, soprattutto se si è persone importanti, nell'accettare qualcosa che potrebbe servire di esempio e di aiuto a nostre simili piú giovani? Ma, soprattutto, potremmo mai immaginarci un autore che dica una cosa simile? («Mai vorrei essere premiato solo perché sono un uomo»). Senza contare che una situazione meno monologica, finalmente, potrà restituire anche agli autori la libertà di pensare e di dire «non me lo sono meritato soltanto perché sono un uomo». Le quote democratiche restituiscono libertà di azione e reazione (anche creative) soprattutto agli uomini, in un certo senso.

Il merito, inteso come l'insieme dei giusti motivi per cui le persone sono apprezzate e riconosciute, diventa una parola equa e oggettiva in un contesto di parità e reciprocità, altrimenti è un alibi, un espediente per creare punti ciechi della comunicazione, alimentando paure, malintesi, ignoranza, disuguaglianza; e, insieme ad essi, la mentalità per cui quando una donna brava merita ciò che naturalmente è riconosciuto a un uomo, è un'usurpatrice, nelle finzioni come nella realtà. Sono idee, proiezioni di sé, insicurezze legate a precisi fatti materiali e ambientali, come dice la famosa formula usata da Simone de Beauvoir nel *Secondo sesso* (1949): «Donna non si nasce, si diventa». Lo ha spiegato bene recentemente anche la studiosa di psicologia sociale Chiara Volpato: l'ideologia meritocratica per cui chiunque, indipendentemente dal gruppo di provenienza, sarebbe in grado di salire nella scala sociale purché abbia sufficiente talento e abilità, scarica le responsabilità su individui e gruppi e fa apparire naturali e neutrali le disuguaglianze di *status*. Possiamo aggiungere che è anche un mito ricorrente del superomismo piccolo-borghese di chi ce l'ha fatta imparando a eliminare tutti i propri simili.

Lo squilibrio di genere trasformato consensualmente in un dato oggettivo spiega anche la presenza di uomini che magari meritavano poco quel riconoscimento che invece le donne devono continuamente negoziare. E che in ogni caso nemmeno è detto che arrivi, come mi spiegava anche un'economista tedesca, raccontandomi delle tante riunioni a cui ha assistito, dove, quando a fare una proposta è una donna, spesso le sue frasi cadono nell'indifferenza; ma, se invece arriva un uomo che ripete la medesima cosa, ecco che invece tutti (comprese le donne) accolgono il colpo di genio. La disparità non passa solo dai numeri, ma dalle gerarchie, e dai livelli di attenzione che si decide di riconoscere alla parola altrui, assegnandole autorevolezza.

In tal senso, effettivamente la rivendicazione del merito, se usato come discorso assoluto e separato dalla storia e dal concetto di credibilità, diventa falso, annichilente e discriminatorio, quando incontriamo canoni, mappe, giurie, quadri direzionali organizzati come un club per soli uomini; e questa retorica potrebbe essere rovesciata perfino con un ulteriore argomento paradossale: il merito non basta, se inteso come condizione assoluta, perché anche le donne *meritano*, come gli uomini, di sbagliare, di essere mediocri.

E a chi protestasse dicendo: non si può piú scherzare? Al contrario, possiamo rispondere, ci divertiremo anche di piú, se può ridere chiunque e lo scherzo è riconoscibile come tale. Aggiungendo anche che la satira, lo sberleffo, il discorso brillante, sono voci originali e libere quando mettono in discussione le idee dominanti, il conformismo, non quando funzionano, al contrario, da servizio di sicurezza del potere e del patriarcato.

Muri della fama e indici dei nomi.

Il merito, come la libertà, non è un dato individuale e intrinseco, ma un fatto complesso, perché è anche un valore sociale, tanto in partenza quanto in arrivo. Nessuna, nessuno, anche quando crea, compie un'azione isolata. I capolavori stessi, lo ha scritto Virginia Woolf in *A Room of One's Own*, sono sempre anche il risultato di molti anni di pensiero in comune («the outcome of many years of thinking in common»). Nessuno se la cava da sé, soprattutto quando si trova nelle condizioni (materiali, psicologiche, simboliche) di credere di essere fuori posto, invece che uno/una come gli altri.

Di questa relazione dialettica tra la singola persona e la collettività, e di come essa si intrecci anche con questioni e conflitti riguardanti il riconoscimento e la convivenza interculturale, parlava già, per esempio, uno dei film piú belli degli anni Ottanta, *Fa' la cosa giusta* (*Do the Right Thing*, 1989), di Spike Lee. Siamo a Brooklyn e Sal, un italoamericano che gestisce una pizzeria insieme ai figli, è l'unico bianco del quartiere. Nella pizzeria di Sal un giorno arriva «Buggin Out», che accusa il titolare di essere razzista perché non ha nemmeno una fotografia di un afroamericano appesa al muro della fama (*wall of fame*) all'interno del proprio locale. Quella scena, in effetti, porta in primo piano una simmetria possibile tra le battaglie antirazziste e antisessiste. Entrambe, in passato come oggi, sono state combattute per liberare i gruppi discriminati e minorizzati da una condizione di subalternità materiale e politica, anche attraverso la richiesta di non essere piú lasciate fuori campo, e di entrare sulla parete della fama. Ma perché è cosí importante essere su quel muro? Vale a dire non solo esistere, ma far parte di uno scenario in cui non solo si testimonia, ma si mostra, *si fa vedere* chi merita memoria, costruendo e interpellando occhi che agiscano da spettatori? (Questo infatti è ciò che accade quando è all'opera una situazione visuale). Perché conta cosí tanto la scelta di chi considerare memorabile?

La domanda è spesso sembrata inutile, soprattutto a chi appartiene alla metà di umanità che ha occupato spazio da sempre. I muri della fama: i canoni, le liste, le mostre, le gallerie d'arte, le collane di libri, i programmi, le pagine dei quotidiani, tutto ciò, insomma, che visualizza, per cosí dire, il merito come autorevolezza, non rende soltanto visibili i volti, e le biografie. Si tratta di narrazioni attraverso cui la società si rappresenta, allestendo sistemi di valori e idee di futuro. Perciò, rispetto a chi guarda il muro, queste narrazioni diventano anche dispositivi di destino.

Come ci hanno spiegato le teorie sullo sviluppo cognitivo di Jean Piaget, imparare significa compiere un lavoro di apprendimento che passa attraverso assimilazioni e scambi diretti con l'ambiente circostante, permettendo cosí di creare rappresentazioni mentali e visuali. Gli schemi e i modelli cognitivi in cui le donne mancano sempre dalla casella del prestigio sociale legato all'affermazione pubblica e ai discorsi che si consegnano alla posterità hanno prodotto e riproducono discriminazioni di genere naturalizzate.

Orientare le aspettative femminili di futuro e di spazio solo sul corpo bello perché giovane e fecondabile, sul matrimonio e sulla maternità (dentro il matrimonio) non è soltanto il mestiere preferito dei protagonisti dei film e delle serie tv anni Cinquanta, perché il paradigma purtroppo regge anche mezzo secolo dopo, proprio in relazione al «merito», tutte le volte che incontriamo donne con figli indirettamente punite attraverso l'esclusione dagli incarichi e dai concorsi, dalla direzione dei quotidiani, dei laboratori di ricerca, o dai passaggi di carriera, oppure – anche questa è una forma di infrazione punita – quando ci sono donne che hanno dovuto rinunciare ad aver figli, o hanno osato non averli, tradendo in ogni caso l'orizzonte d'attesa del senso comune.

Del resto, la svalutazione, per mezzo del sarcasmo, del corpo della donna adulta e che lavora, o che studia, è un'abitudine culturale ancora molto comune e diffusa. Lo testimoniano le brutte statue, i titoli di giornali che omettono il cognome delle donne (questo accade anche per le artiste, o le campionesse sportive, interpellate solo per nome). Oppure i mass media parlano di scienziate-mamme, o pubblicano fotografie brutte, venute male e offensive (anche questa cattiveria visuale è una forma volgare di discorso d'odio). Né, spostandoci nel territorio delle finzioni, le cose cambiano sempre. Molto spesso, per esempio, la donna senza qualità, in letteratura, non è un'eroica figura maledetta di trasgressione e anticonformismo, ma resta una folle, un'isterica: un essere la cui narrativa passa dal corpo piú che dall'anima, e serve, magari anche da morta, come palcoscenico per un medico, un inquisitore; oppure funziona da specchio rotto di un eroismo maschile introverso e problematico.

Nel campo storico-letterario, c'è un esempio che funziona da asso nella manica, e di solito spunta fuori per svalutare l'importanza delle questioni di genere e di riconoscimento, anche in senso grammaticale. Riguarda due delle autrici italiane piú importanti del secondo Novecento: Elsa Morante (1912-1985) e Natalia Ginzburg (1916-1991). Entrambe, si ama ricordare, volevano essere chiamate «scrittori», non «scrittrici». È vero; ma lo spazio delle donne che stiamo componendo, per parlare al XXI secolo, insegue la complessità, cerca di tenere assieme il fuori campo, le contraddizioni. Dunque non può ignorare che le priorità dipendono dai tempi storici a cui si appartiene. Quelli di Morante, Ginzburg, e pure, possiamo aggiungere, Fallaci, erano tempi in cui per essere presa sul serio e sentirsi libera una donna doveva assomigliare piú che poteva a un uomo (persino a partire dalla pettinatura «alla maschietta»). «Desideravo terribilmente scrivere come un uomo, avevo orrore che si capisse che ero una donna dalle cose che scrivevo», dichiara Ginzburg nelle *Piccole virtú*[1]. La *timeline* fissata all'inizio di questo capitolo è il perimetro perfetto dentro il quale ascoltare e capire il significato letterale di simili frasi, che fanno male perché parlano di un annichilimento di sé sistemico; sono pronunciate, evidentemente, anche con dolore (lo rivela quell'avverbio: «desideravo *terribilmente*»), da donne sopraffatte (in senso storico, non creativo), dalla violenza simbolica di un mondo naturalmente patriarcale, che le ha fatte diventare grandi prima di poter votare per la prima volta (Morante a 34, Ginzburg a 30 anni); le ha cresciute in modelli di società dove essere una donna era un inferno, perché vigeva la patria potestà, non c'era il diritto di abortire in ospedale, non c'era il divorzio, non si poteva studiare. Un mondo, inoltre, che in nessuna maniera prendeva sul serio le donne in quanto soggetti capaci

[1] NATALIA GINZBURG, *Il mio mestiere* [1949], in ID., *Le piccole virtú* [1962], a cura di Domenico Scarpa, Einaudi, Torino 1998, p. 107.

di autodeterminarsi. In terzo luogo, era un mondo, una cultura, compresa quella della società e del campo letterario a cui appartenevano Morante e Ginzburg, che le ha portate a vergognarsi in ogni momento di essere donne, perché le ha fatte sentire non solo esseri inferiori, in senso mentale, sociale e giuridico, ma esseri ributtanti in senso fisico. Una società dove era del tutto normale, come farà Vittorini nel 1965, e come faranno molti altri dopo di lui, paragonare il fascismo all'«utero sozzo ch'era la storia di allora».

«Lei non ha le stigmate esteriori della scrittrice e anche per questo mi piace, ecco», dice Fallaci a Ginzburg, in un'intervista del 1963. E Ginzburg replica: «Nemmeno a me le scrittrici piacciono molto». Chi mai potrebbe darle torto, chi mai avrebbe potuto dire diversamente, dentro quel sistema di misoginia e disprezzo normalizzato? Tenere presente il fuori campo delle categorie e delle definizioni che usiamo, significa anche aver presente questo insieme di aspetti, compreso il percorso di lotta e di conquista che, oggi, riempie di valore l'uso di termini come scrittrice, autrice, pittrice, attrice, direttrice. Abbiate cura di quelle parole, perché arrivano da un passato *terribile*.

Gli spazi della morale.

«Ma allora non si potrà piú parlare di nulla che oltrepassi i confini del politicamente corretto?» Questa domanda è una di quelle che piú imbarazzano, perché ostenta una superficialità disarmante. Mettere in prospettiva la storia e il passato facendo agire anche il vuoto, vale a dire lo spazio oscurato da assetti critici patriarcali, non significa progettare un mondo dove si escludano i capolavori d'autore – non significa insomma fare ciò che invece è precisamente accaduto a molte opere d'autrice, per esempio a *La storia* (1974) di Elsa Morante, a lungo ostracizzato, come spiega l'importante lavoro di Angela Borghesi. Al contrario, significa tenere assieme le contraddizioni, studiare, per esempio, la letteratura degli anni Settanta tenendo presente anche le esperienze di dominio e di scontro, di classe come di genere, da cui arrivano certe opere. Vuol dire, per le donne che studiano, occuparsi di autori che appartengono alla storia di tutte e di tutti e a maggior ragione vanno conosciuti, ma senza rimuovere gli elementi di misoginia, e considerando anche che, pure in senso formale e letterario, il maschilismo non è, spesso, un problema delle donne, e su cui debbono scrivere solo le donne, ma degli uomini. Il discorso regge anche in senso critico, se pensiamo, ma è soltanto uno tra molti esempi, quanto sono stati disprezzati certi romanzi di Bassani e Cassola cosí capaci, invece (per esempio *La ragazza di Bube*), di mettere in scena protagonismi maschili antieroici e non conformi all'identikit misogino. In un Paese in cui chi studia materie umanistiche all'università ha ancora probabilità molto alte di laurearsi alla specialistica senza avere mai studiato l'opera saggistica o creativa di una donna, il problema che ha l'Italia con la cosiddetta *cancel culture* non appartiene al futuro, ma all'emergenza presente; e non riguarda le donne o loro e basta, ma è, evidentemente, un problema degli uomini. Possiamo anche aggiungere che tanto la *cancel culture* quanto il *politically correct*, alla prova dei fatti e del contesto culturale italiano, nominano situazioni talmente prive di riscontri e argomenti, talmente estranee, da essere usate in inglese, pur di essere piú impressionanti. Certamente continueremo a leggere i libri di Louis-Ferdinand Céline, o di Alberto Moravia, cosí come guarderemo e potremo ammirare un film di John Ford, ma lo potremo fare con la libertà di dire che le verità di quelle opere, come nel caso dei testi d'autrice, lavorano anche con ambivalenze e assetti di sguardo sessisti. Non stiamo discutendo se leggere, se guardare o no, ma come farlo. Il moralista, la moralista, cioè chi giudica il gesto artistico a partire da astratti principî morali, non è chi usa le contraddizioni di un'opera per interrogarsi anche di piú su di essa, toccando anche gli aspetti meno puri, ma chi sostiene che siccome Philip Roth è un grande romanziere non si può dire anche che ci parla di un mondo patriarcale. O che sia offensivo (ma per chi, per quale morale?) guardare un film di Dino Risi o Ettore Scola anche interrogandosi sugli schemi di genere messi in scena da quei capolavori. Questo è il vero puritanesimo, la rigidità (anche classista o sessista in molti casi) che azzera le storie, le disparità, i conflitti e svantaggia, anche in senso formale, la conoscenza delle opere, tradendole, soprattutto, in ciò che promettono e che piú conta: il sogno di una felicità e una bellezza che sappia parlare a chiunque, in ogni spazio, anche oltre se stessa e le proprie ambivalenze.

Il 29 settembre 1975 due amiche romane, Donatella Colasanti, studentessa di diciassette anni, e Rosaria Lopez, barista di diciannove, abitanti nel quartiere di borgata della Montagnola, con la scusa di una festa furono portate in una villa a San Felice Circeo da due giovani neofascisti della "Roma bene", Gianni Guido e Angelo Izzo (che nel 1974 aveva violentato due ragazzine con due amici, ed era stato condannato a due anni e mezzo di reclusione, mai scontati per sospensione condizionale della pena). La casa al Circeo era di proprietà della famiglia di un terzo amico, Andrea

Ghira, che li raggiunse. Qui, per piú di trentasei ore, le donne vennero picchiate, stuprate, torturate, cloroformizzate, fino a quando una, annegata nella vasca da bagno, perse la vita, e l'altra, stordita dalle sevizie e dalle botte, finse di esser morta. A quel punto i ragazzi chiusero i corpi nel portabagagli di una Fiat 127 e tornarono tutti assieme, cantando, verso il centro di Roma. Arrivati nei pressi della casa di Gianni Guido, nel quartiere Trieste, i tre decisero di andare a cenare in un ristorante e parcheggiarono la macchina. Appena si furono allontanati, la ragazza ancora viva, Donatella Colasanti, provò a chiedere aiuto, colpendo le pareti del bagagliaio. Un metronotte, accortosi dei rumori che provenivano dalla vettura, diede l'allarme. La donna sopravvissuta, costituitasi parte civile contro i suoi stupratori, fu rappresentata dall'avvocata Tina Lagostena Bassi. Anche varie associazioni femministe si costituirono parte civile e presenziarono al processo. Il 29 luglio 1976 arrivò la sentenza in primo grado, con l'ergastolo senza alcuna attenuante per Izzo e Guido, e in contumacia per Ghira, fuggito in Spagna e morto, a quanto sembra, nel 1994. Donatella Colasanti è morta di tumore a quarantasette anni, nel dicembre 2005. Otto mesi prima Izzo, uscito di prigione, aveva rapito legato e soffocato altre due donne: Maria Carmela Linciano (49 anni) e Valentina Maiorano (14 anni).

Questa storia, nota come «delitto del Circeo» è un nodo traumatico della memoria e dell'identità italiana del secondo Novecento, perché intreccia fascismo, sessismo e classismo. Alla vicenda furono dedicati articoli importanti, scritti sui principali quotidiani, dai principali intellettuali dell'epoca, tutti uomini, tra i quali Calvino e Pasolini. Per Calvino (in un articolo uscito sul «Corriere della Sera» l'8 ottobre 1975), i tre ragazzi sono i mostruosi epigoni «di una borghesia italiana che vive e prospera e prolifera senza il minimo senso di ciò che appartenere a una società significa, come relazione reciproca tra gli interessi personali o di gruppo e quelli della collettività». Pasolini, che replica il 30 ottobre del medesimo anno (tre giorni prima di essere ucciso), accusa Calvino di una posizione sobria e manichea, parla di una violenza massificata, e legge l'«orrendo massacro» consumato dai tre «pariolini neofascisti» nella chiave del «genocidio culturale» consumatosi in Italia tra il 1961 e il 1975, che ha portato all'estinzione dell'umanità popolare sottoproletaria e marginalizzata raccontata dal suo film *Accattone* (1961).

Tutto si tiene, in un mondo, come quello dei fatti del Circeo, in cui la violenza sessuale è considerata dalla legge un reato contro la morale pubblica e non contro la persona (come accadrà soltanto a partire dal 1996, meno di trent'anni fa). A questa altezza, la morale offesa dallo stupro è prima di tutto quella dell'etica pubblica, dove la violenza su due ragazze diventa metafora impersonale per considerazioni sociologiche ampie. Anche per gli intellettuali migliori dell'epoca, come Calvino e Pasolini, che restano figli del tempo e degli assetti patriarcali a cui appartengono. Ciò che sconcerta infatti, tra le testimonianze e le narrazioni del periodo, come pure nelle rielaborazioni successive di quell'evento, è l'assoluta naturalezza con cui ogni discorso pubblico dedicato al massacro del Circeo ha negato uno spazio, che non fosse morboso e voyeuristico, alle persone che invece andavano messe al centro della storia, ai soggetti da guardare, cui dar voce e coscienza, vale a dire alle due donne: Donatella Colasanti e Rosaria Lopez. Nessuno dubitò, nessuno dubita, nel dibattito intorno ai fatti del Circeo, che la violenza in atto fosse una violenza di classe. Nessuno dice, soprattutto, che fu una violenza di genere.

Pur attaccandolo, nessuno mise veramente in crisi uno sguardo del dominio per cui il corpo femminile resta pur sempre preda e campo di battaglia, non spazio di autodeterminazione offesa. Il risultato di questa inerzia di sguardi prodotta dai tempi fu che il senso comune rimase garante, in un certo senso, dell'irrilevanza politica di quella violenza maschilista, spostata sulla preoccupata rappresentazione della natura *mostruosa* di bravi ragazzi rovinati dall'ambiente circostante o dalla mutazione antropologica, o trasformata, anche in tempi piú vicini, in spunto di autocoscienza critica e introspezione maschile. La questione di fondo, nella narrazione del delitto del Circeo, è rimasta come redimere la società degli stupratori, non come difendere e liberare le donne, le ragazze, dalla cultura dello stupro.

Rispetto a questa cecità, potremo continuare a leggere Pasolini e Calvino, dunque? Naturalmente sí, perché anche cosí ci metteremo dalla parte della grandezza delle loro opere, al contrario di chi si rifiuta di confrontarsi con le contraddizioni della storia. Pochi mesi prima dei fatti del Circeo, il 9 febbraio 1975, in una lettera pubblica sul «Corriere della Sera», Calvino replicò a un articolo di Claudio Magris uscito sempre sul «Corriere», il 3 febbraio, in cui si criticava la depenalizzazione dell'aborto, allora considerato, secondo l'articolo 545 del codice penale, «delitto contro la integrità e la sanità della stirpe»:

> Nell'aborto chi viene massacrato, fisicamente e moralmente, è la donna; anche per un uomo cosciente ogni aborto è una prova morale che lascia il segno, ma certo qui la sorte della donna è in tali sproporzionate condizioni di disfavore in confronto a quella dell'uomo, che ogni uomo prima di parlare di queste cose deve mordersi la lingua tre volte. Nel momento in cui si cerca di rendere meno barbara una situazione che per la donna è veramente spaventosa, un intellettuale «impiega» la sua autorità perché

> la donna sia mantenuta in questo inferno. Sei un bell'incosciente, a dir poco, lascia che te lo dica. Non riderei tanto delle «misure igienico-profilattiche»; certo, a te un raschiamento all'utero non te lo faranno mai. Ma vorrei vederti se t'obbligassero a essere operato nella sporcizia e senza poter ricorrere agli ospedali, pena la galera. Il tuo vitalismo dell'«integrità del vivere» è per lo meno fatuo. Che queste cose le dica Pasolini, non mi meraviglia. Di te credevo che sapessi che cosa costa e che responsabilità è il far vivere delle altre vite[2].

Sarebbe interessante, quando si discute di morale, o del bene e del male in letteratura, costruire un fuori campo, e un controcampo critico, leggendo e facendo considerare piú spesso questi aspetti rimasti fuori dal quadro, anziché restringere l'indagine sul male alle perversioni sessuali di un io maschile che ci squaderna le sue letture sociologiche senza dar voce a ciò che è altro.

Si potrebbe anche rileggere, per esempio, un testo mai inserito nelle antologie: il monologo teatrale *Lo stupro*, in cui Franca Rame mise in scena il racconto della violenza da lei subita nel 1973, da parte di cinque neofascisti:

> C'è una radio che suona... ma solo dopo un po' la sento. Solo dopo un po' mi rendo conto che c'è qualcuno che canta. Sí, è una radio. Musica leggera: cielo stelle cuore amore... amore...
>
> Ho un ginocchio, uno solo, piantato nella schiena... come se chi mi sta dietro tenesse l'altro appoggiato per terra... con le mani tiene le mie, forte, girandomele all'incontrario. La sinistra in particolare.
>
> Non so perché, mi ritrovo a pensare che forse è mancino. Non sto capendo niente di quello che mi sta capitando.
>
> Ho lo sgomento addosso di chi sta per perdere il cer-

[2] ITALO CALVINO, *Lettere 1940-1985*, a cura di Luca Baranelli, Mondadori, Milano 2000, pp. 1265-66.

vello, la voce... la parola. Prendo coscienza delle cose, con incredibile lentezza... Dio che confusione! Come sono salita su questo camioncino? Ho alzato le gambe io, una dopo l'altra dietro la loro spinta o mi hanno caricata loro, sollevandomi di peso?

Non lo so.

È il cuore, che mi sbatte cosí forte contro le costole, ad impedirmi di ragionare... è il male alla mano sinistra, che sta diventando davvero insopportabile. Perché me la storcono tanto? Io non tento nessun movimento. Sono come congelata[3].

Franca Rame all'epoca non parlò, per paura di subire un'altra violenza: quella del processo.

Abbiamo cominciato questo capitolo con una lista delle principali frasi fatte usate per spaventare le donne:

Ti lamenti sempre, non fare la vittima; sono tutti maschi perché vogliamo le persone competenti – non cerchiamo/studiamo/assumiamo/finanziamo/citiamo (la lista può continuare a lungo) solo uomini, ma chi è piú bravo; che esagerazione; vuoi farmi sentire in colpa; potevi parlare prima; non vorrei essere scelta perché sono una donna, ma per le mie capacità; ma io scherzavo! te la prendi sempre (o troppo); perché ti arrabbi? Sei aggressiva/emotiva.

Mancava dall'elenco la frase piú terribile: «Perché non hai detto no?» La risposta, a questo punto, appare chiara: perché finché dominano assetti di sguardo patriarcali per cui l'imputata nei processi (e non solo in essi) sembra la vittima e non chi ha compiuto la violenza, chi tace *non acconsente*.

Chi tace, piú che altro, *ha paura*, e basta.

[3] Il testo del monologo di Franca Rame è tratto dall'archivio online dei suoi lavori: http://www.archivio.francarame.it

Capitolo quarto
Spazi e stile

Sistemi di valori.

Esiste uno specifico artistico femminile?

Ed esiste un modo diverso di assegnare valore e rilievo pubblico alla presa di parola e al gesto creativo, a seconda del genere e della differenza sessuale?

Come abbiamo visto, le due questioni si intrecciano, sia sul piano delle vicende storiche, sia relativamente ai miti sociali della disparità. Il loro legame opera con forza anche sul piano del «valore» e dello «stile», che sono i termini sottintesi piú spesso quando, per fare «sul serio», anche silenziosamente (cosí lavora il dominio), si finisce per occuparsi soltanto di autori: studiandoli, leggendoli, pubblicandoli, scrivendone, insegnando, cercando o selezionando soltanto le loro opere. Riproducendo, insomma, gerarchie sociali patriarcali anche attraverso la scala delle classificazioni e delle preferenze.

Nei capitoli precedenti sono state considerate le retoriche piú usate dal sessismo in tema di reputazione e di merito. Abbiamo ritrovato parole, fatti, date eloquenti che potranno formare la sostanza critica di un fuori campo attivo, che rimetta in dialogo spazi pieni e spazi vuoti, inducendo chi guarda, chi legge, chi studia, a interrogarsi anche su ciò che la storia e la tradizione hanno sottomesso o lasciato fuori dai bordi.

Per passare invece a considerare piú da vicino cosa possiamo intendere quando lavoriamo con le forme dell'espressione artistica, ripartiremo da un passaggio contenuto nel discorso tenuto da Doris Lessing in occasione del conferimento del Nobel per la Letteratura (2007):

> A chi scrive viene spesso chiesto: come scrivi? Con un personal computer? Con una macchina da scrivere elettrica? a mano? Ma la domanda essenziale sarebbe: hai dello spazio, uno spazio vuoto, che ti circonda mentre scrivi?
>
> In quello spazio, che è come una forma di ascolto, di attenzione, nasceranno le parole che i tuoi personaggi pronunceranno – e le idee, l'ispirazione.
>
> Se chi scrive non riesce a trovare questo spazio, le sue poesie e i suoi racconti possono nascere morti[1].

La domanda di uno *spazio* che favorisca l'ispirazione funziona, evidentemente, in senso sia letterale sia metaforico. Tuttavia c'è un motivo ulteriore che qui possiamo mettere a fuoco.

L'espressione usata da Doris Lessing: *empty space*, spazio vuoto, vale come ambiente liberato da tutto ciò che può ingombrare o distogliere. Lo spazio cercato dalle donne che scrivono, infatti, è sia esterno che interno, perché corrisponde alla conquista di uno spazio fisico e, contemporaneamente, di uno spazio mentale di concentrazione. Ambedue i livelli sono implicati anche dal titolo del famoso saggio di Virginia Woolf *A Room of One's Own*, di cui potremmo forse considerare, in certi casi, anche una traduzione diversa: «uno spazio veramente proprio», anziché «una stan-

[1] DANIELA PADOAN (a cura di), *Per amore del mondo. I discorsi politici dei premi Nobel per la letteratura*, Bompiani, Milano 2018, p. 511.

za tutta per sé», che risuona come un'espressione piú suscettibile di esser scambiata per la richiesta di un cantuccio dove nascondersi.

Ma torniamo alle parole di Lessing, cosí interessanti perché effettivamente chi scrive deve avere e fare spazio, per dare ascolto al silenzio e all'Altro. Il fatto, però, è che lo spazio intorno alle donne è anche stato, *in genere*, uno spazio *diversamente* vuoto, o pieno; perché è uno spazio in cui i loro corpi e le loro menti si sono presi cura anche della manutenzione della vita come immanenza, dandole spazio regolare nella propria mente, e svolgendo lavori e mansioni quotidiane di cui gli uomini non si sono "normalmente" dati pensiero e occupati storicamente.

E cosí lo spazio di scrittura e creatività delle donne, per esempio, è di solito una situazione artificiale, perché "normalmente" non c'era, e perché in quella dimensione si compie e rinasce un tempo che spesso continua a vivere anche come un tempo *strappato* ad altro. Anche per questo le donne possono fare piú fatica degli uomini a scrivere. È come se ogni volta avessero bisogno di allestire un set, esprimendo un sentimento vitale e nervoso che spesso racconta, anche sotto forma di un'inquietudine extraverbale, un'incertezza sociale e culturale pienamente regolata dalle logiche patriarcali di divisione del lavoro. E cosí, in base alle nostre abitudini di sguardo sulla vita dei secoli passati, mai, per esempio, potremmo immaginarci una donna ritratta in uno «studio», vale a dire al centro di un ambiente cosí armoniosamente separato dal mondo, ma al tempo stesso cosí coerente e interno ad esso, come nel *San Girolamo* di Antonello da Messina (1474-75). Per una donna studiare, scrivere, dipingere, indirizzare il proprio talento creativo e le proprie ambizioni al di fuori degli spazi domestici spesso non ha significato elevare e perfezionare il proprio destino, ma smentirlo e tradirlo.

Cosa c'entra, però, tutto questo, si potrebbe dire, in un capitolo che intende parlare di stile, interrogandosi sulle differenze tra valori letterari ed extraletterari, o tra forme e contenuti? Ebbene, c'entra molto, se ci interessa concentrarci sulle forme, senza trattarle ingenuamente come bucce, banali involucri, ma come dispositivi originali di composizione e significazione del mondo. Le donne, storicamente, hanno abitato in maniera diversa la vita, incarnando e impersonando, socialmente e materialmente, forme differenti di interferenze, frammentazione (o scissione) e ricuciture tra prassi e immaginazione, tra esperienza personale ed espressione artistica. Questa cultura ci aiuta a capire e considerare meglio la qualità e lo stile delle opere; anche di molte poesie, per esempio, dove l'intensità di espressione, perfino di ritmo, non è l'esito di un temperamento, ma di un destino sociale, oltre che personale, in tensione con il linguaggio. Come in una poesia di Patrizia Cavalli:

> Cosí schiava. Che roba!
> Cosí barbaramente schiava. E dai!
> Cosí ridicolmente schiava. Ma insomma!
> Che cosa sono io?
> Meccanica, legata, ubbidiente,
> in schiavitú biologica e credente. Basta,
> scivolo nel sogno, qui comincia
> il mio libero arbitrio, qui tocca a me
> decidere che cosa mi accadrà,
> come sarò, quali parole dire
> nel sogno che mi assegno[2].

[2] PATRIZIA CAVALLI, *Datura*, Einaudi, Torino 2013, p. 100.

Non si tratta di chiudere tutte le donne, di nuovo, dentro una categoria, ma di non cancellare la loro storia, compresa quella dei corpi e delle forme di intelligenza del mondo. Nessuna donna, forse, avrebbe potuto scrivere *La cognizione del dolore*, di Gadda, perché l'idea stessa, e grandiosa, di stile come giudizio all'opera è una forma simbolica connotata, propria di chi assume "naturalmente" che il pensiero (maschile) non ha bisogno di trovare o conquistare spazio, perché "è" lo spazio (prestabilito). E cosí, la scrittura gaddiana esprime (non nel senso che contiene, come fosse un bicchiere, bensí nel senso che *crea* con il linguaggio) un modo di romanzare il reale che è anche uno stile del dominio, senza che dirlo significhi svalutarne il valore letterario o i contenuti di verità; uno stile, cioè, che per mentalità e cultura non appartiene immediatamente alle autrici, o appartiene loro di riflesso e per mimesi (spesso al prezzo di sofferte forzature che non aiutano la creatività). D'altra parte, considerare tale differenza come scarto da una presunta norma unica, e dunque come disvalore, è un atto falso e cieco, in senso critico, oltre che ideologicamente razzista, perché, anche limitandosi al discorso sullo stile, si può osservare che nessun autore probabilmente avrebbe scritto *Cime tempestose* (*Wuthering Heights*), di Emily Brontë; *Orlando*, di Virginia Woolf; *Menzogna e sortilegio*, di Morante; o le *Memorie di Adriano* (*Mémoires d'Hadrien*), di Yourcenar; *Serie ospedaliera*, di Amelia Rosselli; o *La pianista* (*Die Klavierspielerin*), di Elfriede Jelinek (un libro raro per la costruzione originale di uno sguardo extraindividuale sulla narrazione); o *Amatissima* (*Beloved*), di Toni Morrison; le *short stories* di Lucia Berlin; o i racconti di Alice Munro; o *Lezioni di tenebra*, di Helena Janeczek; *L'interprete dei malanni*

(*Interpreter of Maladies*), di Jhumpa Lahiri; o *Il mondo sfolgorante* (*The Blazing World*), di Siri Hustvedt, che riprende di proposito il titolo del racconto distopico di Margaret Cavendish del 1666, su una donna comune che acquista dei poteri speciali. Non stiamo fissando frontiere e confini netti, ma riflettendo su qualità diverse di voce, di sguardo e di immaginativa che ricorrono. Il discorso vale anche per l'impianto a mosaico di un libro cosí asistematico e composto per frammenti come *I vagabondi* (*Bieguni*), di Olga Tokarczuk. Sono tutti esempi, anche molto lontani tra di loro, di quello che potremmo chiamare «effetto Frankenstein», per riferirci a poetiche e stili della composizione artistica che, tecnicamente, agiscono a piú livelli testuali, sperimentando modi di *fare e disfare* identità attraverso il linguaggio, come se si trattasse di far rinascere una creatura testuale usando parti smembrate da corpi altrui («rubare il cuore d'un altro per poi servirsene», dice un verso di Amelia Rosselli). Come se scrivere, creare, equivalesse a maneggiare, destrutturare (o addirittura far esplodere) la porta blindata di una casa sconosciuta. Sono esperienze espressive, infatti, che creano spazio (alla parola, alla visione, alla reinvenzione di biografie atipiche), situandosi in una dimensione ibrida di racconto e di visualità; dove l'occhio o la voce d'autrice, per esempio in poesia, spesso si comporta o si performa da straniera, da nomade, o persino da «analfabeta» (come dice il titolo del *memoir* di Ágota Kristóf), o da persona assente e fantasmatica, persino sotto falso nome (come Cristina Campo) o con uno pseudonimo, come Elena Ferrante. «Mi truccai a prete della poesia», dice un altro verso di Rosselli (tratto dalla medesima poesia: *Documento*). Scrivere significa collocarsi in uno spazio di autorevolezza e credibilità, anche narrativa, dove non era affatto scontato o naturale trovarsi – e a proposito di questo immaginario *dissestato* della soggettività e dei corpi, spesso collocati in scenari altrettanto anomali, potremmo anche pensare agli autoritratti fotografici di Francesca Woodman. Perciò, se all'origine della storia del romanzo moderno incontriamo cosí tante autrici, e lettrici, è abbastanza probabile che questa maggior libertà di frequentare la letteratura, come ha scritto George Eliot (nel 1856, nel saggio *Romanzi sciocchi di signore romanziere*), sia dipesa proprio dall'assenza – cosí liberatoria soprattutto per le donne – di «rigidi requisiti», ossia dalla possibilità del romanzo di «assumere qualsiasi forma».

Non stiamo assumendo, tuttavia, una polarità tra maschile e femminile come una condizione, quasi un'essenza inaggirabile, perché questo tipo di dualismo radicale è stato praticato, piuttosto, dalle rassegne e antologie fatte interamente da autori; né usiamo il genere come prospettiva unica di attenzione alle forme dei testi, perché il monologismo semmai è un *habitus* del discorso patriarcale; né stiamo parlando soltanto di ridurre la letteratura, per esempio, a una raccolta di temi o alla storia della cultura (parole nobili e complesse, ma di solito impoverite da chi le riduca a banale contenutismo). Al contrario, le cose di cui si tratta qui sono proprio le forme.

Pensiamo a certi modi di inventare e smontare le biografie e l'autobiografia (Woolf che racconta anche se stessa mentre riprende la vita di Elizabeth Barrett Browning dal punto di vista del suo amato cocker spaniel, in *Flush*); o all'uso della plurivocità, per esempio; o al discorso indiretto libero usato per creare un senso di distanza e di estraneità all'io, anziché di introspezione; alla reinvenzione dello spazio romanzesco come zona di dialogo tra figure appartenenti a epoche diverse o immaginarie, come nella scrittura dell'autrice giapponese Yūko Tsushima; o la reinvenzione della *performance art* come pratica artistica; o la rifondazione di uno sguardo altro attraverso la pratica del *tableau vivant*, nelle opere di Vanessa Beecroft; o la sperimentazione del ritratto, in quanto *portrait* come strategia metacinematografica, nei film, pure molto diversi, di Agnès Varda, Antonietta De Lillo, Céline Sciamma. Ma lo stesso saggismo d'autrice spesso sperimenta una prosa "eretica", per esempio nella scrittura della critica d'arte Lea Vergine (anche lei ricorsa a uno pseudonimo), che nella prefazione a un libro fondativo mette in scena, attraverso l'uso della prima persona, la parzialità di un soggetto ibrido e mutevole, anche nel genere:

> Sempre piú miseranda nella mia disastrata ambivalenza, ascolto la voce che continua a citarmi lo specifico del silenzio e a dirmi che devo essere strabiliata dal fatto d'aver «scoperto la metà suicidata della creatività di questo secolo» e che se credo di cavarmela con un discorsino per bene, socialdemocratico, da critico d'arte in grisaglia grigia, sono una che commette abiura. E io a dire sí, certo, sono una mentecatta, non gliela faccio, o meglio non sono capace di confessare che mi sono trovata di fronte a un trauma psicologico fortissimo, mi fa orrore il sentimentalismo, è vero che questa creatività è stata impedita nel suo dialogo, addirittura volevo scrivere un paragrafo intitolato «Duelli solitari», però la creatività in questione non era mica tanto reclusa e poi l'ho spiegato, sarà che l'ho detto come un infiltrato, come un femminista onorario, come una ladra onesta, come un ateo superstizioso...[3].

[3] LEA VERGINE, *L'altra metà dell'avanguardia 1910-1940. Pittrici e scultrici nei movimenti delle avanguardie storiche* [1980], il Saggiatore, Milano 2005, pp. 11-12.

La costruzione del periodo procede per segmenti e incisi, con un effetto di andirivieni e di controcanto polifonico che smentisce il modello della scrittura critica come testo di servizio, perché il concetto non passa dall'illustrazione oggettiva, ma chiede di essere percepito e trattenuto attraverso l'oltranza «disastrata» della forma.

A seconda dei linguaggi diversi a cui si ricorre, lo sguardo d'autrice all'opera (*female gaze*) trova soluzioni diverse e originali a una domanda di fondo che è ricorrente e consiste nella ricerca formale di un sé sperimentato come essere metamorfico e in tensione con altre simultanee possibilità di vita e di espressione, piú che come identità assoluta e giudicante. Sono, tra l'altro, aspetti in risonanza anche con le tesi di un libro tanto importante quanto dimenticato, *I nostri conflitti interni*, della psicoanalista Karen Horney (1885-1952), secondo la quale i conflitti emotivi coinvolgono non solo battaglie e contraddizioni pulsionali interne all'io, ma si definiscono soprattutto in relazione. Horney, fondatrice della *female psychology*, fu una delle voci piú critiche delle teorie freudiane, e parlò, per esempio, anche di invidia maschile dell'utero, per decostruire le teorie che spiegano l'insicurezza e la dipendenza femminile dal maschile in termini di masochismo essenzialista, anziché come esito dei modelli di socializzazione e istruzione. Horney sosteneva, infatti, che le donne invidiavano agli uomini il potere e i privilegi, non il pene.

Gli esempi portati fin qui mostrano come i lavori d'autrice possano essere compresi se si attivano sguardi attenti a riconoscere e cogliere (studiare), anche attraverso le procedure del fuori campo, i livelli diversi di complessità e di straniamento che le opere delle donne possono esprimere e formalizzare, spesso servendosi di trame e destini formali *mostruosi*, costruiti, o messi in prospettiva, per via di frammenti, dissonanze, espedienti formali diversi con cui *tagliare* e inventare il tessuto temporale e visuale delle rappresentazioni. È venuto il tempo, infatti, che anche gli uomini si occupino delle opere delle donne: le leggano, le guardino, le studino, ne scrivano.

Lavorare in uno scenario abitato anche dallo spazio delle donne significa allora riconsiderare gli assetti e le idee tradizionali di stile e di canone, che, in quanto "abitudini" letterarie, vale a dire convenzioni codificate da precisi contratti sociali (Jameson) e distinzioni di classe (Bourdieu), vanno via via ripensati e guardati dentro il tempo che li ha formulati. Altrimenti, stile e canone rischiano di rimanere laboratori permanenti di disuguaglianza e di sessismo. Per smontare il patriarcato, non si tratterà di aggiungere o togliere, e basta, dunque; ma di cambiare prospettiva e senso del paesaggio, anche per creare "ascolto", come avrebbe detto Doris Lessing: una delle sedici autrici insignite del Premio Nobel per la Letteratura, su un totale di centodiciotto assegnazioni.

Cosí, anche la proliferazione di iniziative dedicate a testi d'autrice a cui stiamo recentemente assistendo richiederà consapevolezza d'inquadratura. Nel senso che il recupero delle storie e delle opere delle donne silenziate e perdute dalla memoria canonica porterà pochi frutti, in termini di logiche del dominio, se resta un'operazione indifferenziata (magari chiamata con un'etichetta ora ingenua ora esotica come «al femminile»). Infatti, anche con le migliori intenzioni, potrebbe rimanere un'operazione di immediato o vistoso riscontro, ma pur sempre interna al perimetro del paternalismo benevolo (quello cosí somigliante all'atteggiamento di chi pensa di frequentare una cultura orientale perché ha consumato cibo cinese nel ristorante sotto casa). Con la conseguenza di non spostare nulla, e, soprattutto, di azzerare l'esperienza artistica d'autrice – usata e "estirpata" una seconda volta dal modo scomodo in cui è appartenuta alla storia.

Non tutto è letteratura, insomma; non tutto è cinema, o arte, altrimenti piú nulla lo sarà. Trovare il coraggio di dirlo, di scriverlo, fa spazio al discorso, alle donne. I criteri vanno guardati e ripensati di continuo, anche in senso autocritico. A partire, per esempio, dalla consapevolezza che l'idea stessa di valore letterario può essere decostruita, attraverso una complessità multiprospettica che è anche, se si vuole, una forma di decolonializzazione, o di depatriarcalizzazione. Nel senso che è restituita a uno sguardo non pregiudizialmente favorevole soltanto a canoni unici e relative idee uniche di stile, come può capitare, per esempio, con la pratica di contrapporre a priori certe derive di estremismo espressivo di una Neoavanguardia maschile, che tra poco avrà settant'anni e aveva senso e valore soprattutto nel suo tempo, allo stile "semplice" dei romanzi; o con la sovrapposizione ingenua di semplice e sciatto – un equivoco che ha piú di un secolo, eppure resiste, confonde, spaventa.

Soprattutto nella contemporaneità, le arti e la letteratura abitano uno spazio piú che mai ibrido e plurale, ma non perciò meno interessante, purché si tenga presente che lo stile non è formalismo e basta; nel caso della letteratura non è soltanto uso corretto o originale della lingua. Essere scrittrici, o scrittori, non significa solo scrivere bene; essere artiste o artisti visuali non significa solo saper usare il mezzo;

vuol dire far vedere il mondo, reinventandolo, come nessun'altra o nessun altro te l'aveva o te lo farà mai piú sperimentare e conoscere. Non è un dovere, non è un messaggio, perché l'arte non ha mai nulla da argomentare; è la scommessa di una felicità imprevista, come l'arrivo di un taglio di luce in una tela caravaggesca.

Di conseguenza, anche sul piano degli studi di genere, lo spazio delle donne, proprio in quanto zona di libertà e in quanto senso del fuori campo, non può essere una terra dove ritrovare con certezza, disseppellendoli a ogni angolo, tesori nascosti che avevamo la sicurezza di scovare a priori. Perché bisogna avere il coraggio di dire anche questo: il lavoro di silenziamento, oscuramento, inabissamento, estirpazione e perfino instupidimento delle donne praticato per secoli dalla cultura patriarcale in tanti casi, purtroppo, ha funzionato bene, e irreversibilmente.

L'extraletterarietà come feticcio.

Ma l'altalena tra valore formale e non formale delle opere chiede di essere considerata ancora un po'.

Difendere la qualità di elaborazione dell'espressione artistica, contro lo spontaneismo e l'improvvisazione generica, rappresenta effettivamente una conquista di sapere, di valore e di libertà, perché, proprio come dimostra la storia delle donne, dove c'è cultura c'è emancipazione. Ma questo principio vale per tutti.

Là dove resistono assetti vistosamente ineguali, e le gerarchie sono tutte squilibrate in senso maschile e patriarcale, la distinzione tra valori letterari ed extraletterari sembra spesso aver agito, piú che altro, come discorso feticistico del dominio, funzionando da sbarra anti-intrusione piú che da categoria critica, per presidiare un ordine spaziale somigliante a un circolo per soli uomini – come nel finale del film (1985) di Sidney Pollack tratto da *La mia Africa*, di Karen Blixen, dove la protagonista è eccezionalmente invitata a bere qualcosa con i membri del Club. Ebbene, davanti a quella sorta di fortezza sorvegliata che può diventare lo spazio della letterarietà, la questione all'ordine del giorno non è conquistare il permesso di entrare, ma interrogarsi sul senso delle gerarchie, delle categorie e degli spazi, tanto testuali quanto simbolici.

Cosa si intende, infatti, per «extraletterario»?

Di solito si risponde in due maniere principali, che qui si possono fissare cosí: «ciò che resta fuori» dai valori artistici per difetto di linguaggio e di espressione; «ciò che è non conforme», vale a dire considerato estraneo alla rilevanza formale, nel senso che «rimane contenuto» e basta. Ecco due definizioni che talvolta aiutano a capire situazioni di effettiva mediocrità; molte altre volte invece possono diventare occasioni di mistificazione e di sessismo.

Esistono tanti libri brutti perché scritti male e poveri di storie; ma esistono anche molte scritture ignorate o malcomprese, perché per le storie bisogna avere curiosità, orecchio, ascolto, spazio.

Abbiamo già visto come certe idee di stile servano da sbarramento difensivo e ideologico.

Rileggiamo il brano di una novella: si intitola *Il crimine*, fa parte del primo libro di Ada Negri, *Le solitarie*. È un racconto speciale, perché parla di un aborto, vale a dire di un soggetto quasi sempre censurato, sia in senso letterario sia in senso critico, anche se questa sorta di *cancel culture* non ha mai colpito o scandalizzato nessuno.

Ho scritto «parla di» aborto. Vorrei fermare l'attenzione sul fatto che questa espressione («parla di»), se e quando ragioniamo sui testi in modo critico, non vuol dire solo «contiene», ma proprio «parla di», cioè tratta il linguaggio come forma di esperienza e sentimento del mondo. (E sarebbe ingenuo credere che questo uso formale della lingua avvenga solo quando la frase si spinge a corteggiare l'irregolarità, la torsione espressiva, l'anacoluto).

La protagonista del *Crimine* si chiama Cristiana, è sposata, ma vive lontano dal marito, emigrato in Argentina; Cristiana, innamoratasi di un cavapietre, è rimasta incinta, senza che l'uomo voglia piú scappare con lei, come le aveva detto; adesso dunque dovrà trovare qualcuno che la aiuti ad abortire clandestinamente:

> Una vecchiarda seduta su una panca presso l'unica finestra, non si alzò nemmeno, al comparire dell'Imperatrice. Si accontentò di volgere verso di lei la testa calva, la faccia senza sguardo, di marmo giallo, che dimostrava cent'anni.
>
> – *Deo gratias*. Che vuoi?...
>
> Cristiana non rispose: rimase addossata allo spigolo, rigida.
>
> – Chiudi la porta a chiave, allora – disse la vecchia.
>
> Quando fu fatto, chiese, tranquilla:
>
> – Dunque?...
>
> Con uno sforzo, penosamente, confusamente, Cristiana si mise a parlare. L'altra la lasciò dire e dire, come se nemmeno l'ascoltasse; ma, quando la voce si ruppe in singulti di supplica angosciosa, crollò il capo, facendo segno di no, di no, di no. Fu un lungo combattere, fra quella singhiozzante preghiera e quel diniego muto. Esausta, Cristiana si lasciò cadere a terra, tutta in un gomitolo, con un gemito lungo di cagna. Solo allora vide la vecchia levarsi a fatica (e non le parve piú alta di quando era seduta) e strisciar sulle ciabatte fino ad un usciolo che richiuse dietro di sé. Per qualche tempo (dieci minuti?... un'ora?...) silenzio.

L'usciolo si riaperse: le due mani adunche stringevano una boccetta, piena di un liquido scuro e denso. E la porsero a Cristiana, mentre la sdentata bocca susurrava:

– Bere in tre volte: bada bene: in tre volte, a digiuno, all'alba. Poi lavorare, mangiare, camminare, come se nulla fosse. Qualunque cosa accada, tacere. Lo faccio per te, perché mi fai compassione... Hai capito?... Dieci franchi.

– Ne ho cinque. Porterò il resto[4].

Il crimine è uno dei rarissimi testi della letteratura italiana che parlino direttamente di aborto, senza trattarlo da spunto o pretesto metaforico, ma rappresentandolo come fatto fisico e concreto che *avviene*: *événement*, per l'appunto, come dice il titolo del romanzo di Annie Ernaux, anch'esso su un'esperienza di aborto.

Al centro del brano, come nelle pagine successive del racconto, c'è una solitudine, che è resa anche piú espressiva e straniante attraverso un andamento monotonale, o l'uso di frasi segmentate, o l'attenzione fredda – qui come piú avanti, quando Cristiana assumerà l'intruglio – portata su singoli dettagli concreti della scena – quasi con un effetto di zoomata: «le due mani adunche», la «sdentata bocca» della vecchia. La solitudine rappresentata, però, ed è importante capirlo, non è un sentimento indistinto di noia e malinconia, ma è la solitudine (anche storica e sociale) con cui moltitudini di donne hanno vissuto quell'evento, accaduto centinaia di migliaia di volte, quando sono andate, di nascosto, da una vecchia, a farsi dare qualcosa che, se non le faceva morire, almeno riusciva a farle abortire. E cosí la solitudine è al tempo stesso tema e forma, perché è lacerazione

[4] ADA NEGRI, *Il crimine* [1917], in ID., *Poesie e prose*, a cura di Pietro Sarzana, Mondadori, Milano 2020, pp. 386-87.

dagli oggetti, senso colpevolizzato e terrorizzato del tempo e dell'ambiente. Proprio a questo serve il racconto dei dettagli: non a rappresentare realisticamente (o iperrealisticamente: «la faccia senza sguardo, di marmo giallo» della vecchia) un interno domestico, ma a dilatare, lavorando sulla lingua, il senso della percezione spaventata. Se non facciamo spazio a questo tipo di lettura e di sguardo, il risultato è il senso di una noncuranza formale che, unita al disprezzo di genere, spiega perché *Il crimine*, e la raccolta di cui fa parte, siano testi che sono spariti per decenni, malgrado la presenza, che abbiamo appena verificato, di una qualità letteraria della scrittura.

Anche i temi sono forme. E le forme hanno una storia, non solo un aspetto, allo stesso modo per cui le immagini composte su una tela o su uno schermo non sono figurine, ma visioni, forme di qualità dello sguardo. Le parole sistemate in prosa o in poesia compongono una trama linguistica e retorica, ma appartengono in maniera sostanziale a sistemi di vita dentro cui nascono i testi, e che talvolta rendono certe storie piú urgenti e significative da raccontare, anche a costo di servirsi di un linguaggio a cui si apparteneva a metà. Conoscere o riconoscere queste differenze, quando servono a capire come i contenuti diventino forme non per banale rispecchiamento, ma costruendo una dialettica di reciproco nutrimento, non è sociologia: è proprio letteratura.

Certe volte possiamo credere che un libro, un film non lavorino con il linguaggio; e invece può accadere che siamo noi a non avere curiosità e cultura per i temi e i modi diversi in cui quel testo ci ha parlato del mondo.

Sempre facendo riferimento alla novella letta poco fa, un'altra strada per usare l'extraletterarietà in termini piú ideologici che critici passa anche dalla rilevanza riconosciuta ai temi. Qui le logiche di genere hanno lavorato con piú violenza, affermando canoni e valori di letterarietà – e di extraletterarietà – organici al contratto sociale patriarcale, perché alla violenza di primo grado – equivalente allo svuotamento e alla svalutazione della possibilità che le donne potessero occupare, da soggetti, uno spazio pubblico (non domestico) – si è aggiunta una violenza di secondo grado, corrispondente alla svalutazione ulteriore della narrativa riguardante gli spazi marginali a quel punto occupati e rappresentati dalle donne. E cosí parlare di spazi domestici, di memorie famigliari, del mondo della madre, dell'autobiografia, di storie d'amore, o del corpo è stata a lungo una scrittura creduta inferiore, se praticata dalle autrici; o, viceversa, un argomento di tutto rispetto e interesse se a raccontarci quel medesimo modo intimo e privato cominciava invece un uomo. La malattia, per esempio, è stata a lungo considerata argomento rilevante, oppure no, a seconda del genere. Con il risultato di tenere fuori dall'attenzione, dai cataloghi, dalle letture, libri importanti come quelli scritti da Luce d'Eramo – per esempio *Finché la testa vive* (1964): l'opera che rielabora la sua disabilità fisica.

Quando l'extraletterarietà o il genere funzionano da argomenti *a priori*, altre due parole usate per presidiare i canoni tutti maschili sono «contenutismo» e «culturalismo». Argomenti seri, ma cosí tanto da richiedere *empty space*, sempre citando Lessing, perché in questa parte del viaggio il terreno è particolarmente dissestato. Si può osservare, infatti, che di una pratica tutta sbilanciata sui temi, anziché sulle forme, si è parlato per anni e anni anche a proposito del Neorealismo, compresi certi capolavori (uno per tutti: *Roma città aperta*, di Rossellini) che al contrario sono opere straordinarie anche in senso formale.

E cosí, spetterà a chi legge, chi studia, chi guarda un'opera, chi vede un film provare a fare spazio, simultaneamente, a varie possibilità: la prima, innegabile, anche pensando a molti autori contemporanei, è che la mancanza di stile può essere un fatto reale e inaggirabile; la seconda ipotesi, però, è che molte volte scritture brutte e oscure sono state spacciate per stile e sperimentazione; trame patetiche o sgangherate sono state mandate giú con disinvoltura, grazie all'appartenenza elettiva a uno spazio di distinzione e prestigio, piuttosto che per meriti di stile conquistati sul campo.

Del resto, pensando proprio ai contenuti: quando è al lavoro l'arte, in quanto procedimento, si può parlare di tutto e arrivare ovunque; ma varrà la pena di liberare lo spazio dalle false ingenuità. Cioè senza dimenticare che ciò di cui si racconta, il cosiddetto «contenuto», non è mai inessenziale, anzi: c'entra sempre.

La letteratura, proprio la letteratura, infatti, è trasfigurazione di esperienza; è porosità, curiosità. Francesco Orlando, per esempio, ci ha insegnato come l'espressione artistica sia una forma di rielaborazione del vissuto, con le sue ambivalenze, e dunque quanto il cosiddetto «extraletterario» (soprattutto quando riguardi soggetti dominati e situazioni rimosse e cancellate tanto dagli individui quanto dalla storia) conti, non come circostanza, ma proprio come significante all'opera. Provate a raccontarlo ai poeti omosessuali, perseguitati per secoli, che l'extraletterario è giusto uno spunto di inessenziale contenutismo.

I contenuti dunque valgono sempre. Anche se, d'altra parte – a questo punto recuperiamo anche l'ultimo luogo comune – sarebbe semplicistico dire che valgano *a priori*. Il male per esempio, come il bene, *non è* automaticamente un attivatore di qualità letteraria, anzi. Quando un romanzo è brutto, anche in senso stilistico, oppure mal riuscito, irrisolto (per esempio nella gestione del punto di vista del narratore e del personaggio), affermarlo non significa operare una censura, perché questo sí che sarebbe contenutismo: pensare che un tema in sé, solo perché si parla di temi un po' schifosi e *scorretti*, ha (avrebbe) valore letterario. (Per di piú, non sempre, e neanche spesso, ma qualche volta almeno, parlare del bene, o dell'«arte della gioia», in letteratura, è un'impresa estremamente piú difficile e letteraria di quanto si creda).

Le donne nei romanzi.

Cosa può fare una donna nei romanzi scritti dagli autori italiani contemporanei? In molti casi, prima di tutto la morta; poi la nonna, la madre, l'amica perfida, la moglie stronza, la figlia edipica, l'amante (nuda), la ragazzetta ninfomane, la sconosciuta stupida – e in ogni caso sempre una donna eterosessuale. È interessante notare come questo inventario, che perimetra un modo stereotipato di intendere la funzione del femminile (dal punto di vista dello svolgimento e del significato delle vicende messe in scena), trattandolo giusto come specchio di un io maschile sotto assedio, questo inventario ci racconta, alla prova dei fatti, che la difficoltà di rappresentare le donne in molti casi non è un problema delle donne (o almeno non soltanto loro), ma degli uomini. Anche in letteratura.

A tal proposito, colpisce anche che si tratti del medesimo inventario, su per giú, di un capolavoro uscito ormai cento anni fa, *La coscienza di Zeno* (1923), dove il protagonista, un signore cinquantenne all'epoca della Grande Guerra, confeziona e ci spiega il romanzo della propria vita, attraverso l'espediente fittizio di una terapia. Zeno ci narra le proprie ambivalenze nei confronti della madre, della moglie, della cognata, dell'amante: donne di cui ignoriamo tutto, di cui sappiamo esclusivamente ciò che racconta e vive di loro il protagonista, perché il senso e la logica narrativa della loro presenza sulla pagina dipendono unicamente dal modo in cui la memoria di Zeno ha vissuto e risistema i suoi desideri.

È interessante che piú di una volta, durante gli esami universitari di letteratura, certe studentesse e certi studenti cinesi, mentre mi parlavano delle avventure di Zeno Cosini, abbiano preso a ridere senza smettere. Come se la loro condizione di lettrici e lettori provenienti da un mondo altro desse loro un vantaggio, ossia la capacità di cogliere, attraverso una distanza culturale cosí reale, il forte senso di straniamento che il romanzo di Svevo in ogni momento ci procura, anche rispetto al suo eroe. Perché il fatto è che esiste una verità dell'autore (o dell'autrice), una verità del personaggio e una verità dell'opera. La forza della *Coscienza di Zeno* consiste nell'invenzione di un carattere bugiardo e mitomane (già rivelatoci dal nome: Zeno «Cosini») al quale, fin dalla prima pagina, l'opera ci chiede di non credere, abituandoci subito alla scrittura come sistema di menzogne. E cosí anche il curriculum sentimentale e la misoginia dichiarata e praticata da Zeno, a distanza di un secolo continuano a parlarci, anche grazie al modo in cui il romanzo, a tutti i livelli testuali, smonta le pretese di giudizio e la morale del protagonista, componendo una verità ambigua dell'opera che a tratti rende il personaggio persino ridicolo. Questo effetto continuo di contronarrazione umoristica è il codice che intercettano le mie classi cinesi, quando reagiscono a Zeno Cosini come se fosse Charlie Chaplin.

La letteratura, l'arte, non ci consegnano mai "messaggi", e nemmeno verità assolute, ma esperienze di verità. Noi lettori e lettrici non crediamo a tutto quello che pensa Zeno. Proprio la capacità di farci stare nelle fratture tra le parole e le cose è una delle lezioni piú grandi di Svevo, e probabilmente questa attitudine a decostruire i saperi, i linguaggi, e persino il genere (e il patriarcato) nasce anche dall'appartenenza ad altre due lingue (il triestino e il tedesco) prima dell'italiano. È cosí che anche un autore proveniente da un mondo lontano – e sessista – può essere piú contemporaneo di opere arrivate un secolo dopo e che riproducono certi *clichés* femminili prendendosi completamente sul serio, senza nessuno spunto di ironia autoriale. È cosí che pure Svevo potrà contribuire a costruire e vedere lo spazio delle donne, che è sempre uno spazio fatto di complessità e dislivelli. Lo spazio delle donne non è uno spazio che cancella i canoni e la tradizione, ma li riattiva e li ripensa, attraverso il fuori campo, anche grazie alla curiosità divertita di uno studente orientale.

Capitolo quinto
Spazi aperti

Il patriarcato «non è» la preistoria.

Il cammino percorso sin qui ci ha spesso portato in una terra piena di *ghost stories*, abitata da destini perduti, o resi invisibili e illeggibili: esistenze complesse banalizzate da un'etichetta, oppure relegate ai confini dei manuali e dei saperi.

La questione di fondo che ci ha accompagnato è stata come dare voce e prospettiva culturale a queste esperienze cancellate, senza trasformarle in emblemi isolati (altrimenti le strapperemmo di nuovo alla storia); come farle incontrare (e scontrare) anche con quella stessa tradizione che le ha fatte fuori. Sembra una domanda paradossale, infatti, ma può funzionare, perché è il medesimo rovesciamento attraverso il quale l'identità colonizzata si riappropria creativamente anche della lingua coloniale, per conquistare espressione, narrativa e memoria.

In uno dei passaggi piú noti di *A Room of One's Own* Virginia Woolf immagina di usare il caso esemplare della sorella di Shakespeare per mostrare la relazione tra le discriminazioni di genere e la possibilità di favorire il proprio genio artistico (grazie allo studio e agli spazi fisici e simbolici "normalmente" riconosciuti a un uomo e negati alle donne).

Non esistono, purtroppo, le opere che, in un mondo meno disuguale, avrebbe scritto, forse, anche la sorella di Shakespeare. D'altra parte, anche l'esperienza di verità che ci procurano le opere di William Shakespeare può servire a illuminare lo spazio vuoto lasciato dalle commedie mai composte da sua sorella, o dalle poesie che avrebbe potuto comporre, come suo fratello, anche Paolina Leopardi (la stessa che scriveva «amerei che la mia catena fosse un tantino piú lenta»[1]).

La scommessa per uno *spazio delle donne* era e rimane questa: capire come ripensare e ricostruire l'esperienza e la storia delle donne, a partire dalla loro letteratura (ma il discorso vale sempre), rimettendo in prospettiva un passato cosí pieno di talenti azzerati e di opere occultate. Soltanto dopo la morte di Emily Dickinson, nel 1886, fu scoperto, nella sua camera, il *corpus* delle sue poesie: piú di millesettecento testi scritti su foglietti ripiegati e cuciti con ago e filo. Non possiamo sapere quanti altri canzonieri siano rimasti nascosti, o quante tele d'autrice siano andate bruciate. La disuguaglianza non si risolve né si rielabora solo intervenendo sulla disparità dei numeri, ma con nuovi sguardi e parole.

E cosí, per mettere in campo anche il senso di questa parte cosí corposa, annerita, della storia, si tratta di ragionare in termini di qualità e collocazioni diverse dello sguardo, di sistemi di valori, di «effetti di composizione» – questa è l'espressione piú efficace per riflettere sul rapporto tra volumi, tra pieni e vuoti, trattando la posizione e la sistemazione dei soggetti dentro l'inquadratura (in un film, nella scena di un libro, in una fotografia o in un quadro, nel

[1] PAOLINA LEOPARDI, *Lettere (1822-1869)*, a cura di Elisabetta Benucci, apice libri, Sesto Fiorentino 2018, p. 247.

capitolo di una storia) come presenze (o assenze) che ci parlano non solo di una situazione, ma di un modo di rendere significativo e interessante il mondo.

I discorsi, le opere, il lavoro culturale e materiale, i fatti che riguardano le donne non abitano un continente a parte, da confinare in stanze separate, e da cui tenersi comodamente a distanza, perché ci si occupa di altre cose e ce la si può sempre cavare con qualche impressione o testimonianza personale, come se si parlasse di una domenica allo zoo. La «Bibliografia» alla fine del libro potrà rimediare anche a questa approssimazione, oltre che al pregiudizio per cui del sessismo, come dello sfruttamento del lavoro e dei corpi femminili, debbano farsi carico, anche in una prospettiva globale, solo le donne.

Un'ulteriore zona da dissodare, come si è fatto, è il terreno del paternalismo benevolo, a cominciare dalle sue posture stilistiche. Finché l'implicito dei discorsi rivolti alle donne, quando si aprono confronti e conflitti, sarà: «Non avete ancora imparato a comportarvi o a fare bene come gli uomini», l'ordine simbolico sottinteso rimarrà, di fatto, una gabbia coloniale, perché prevede una società in cui le donne sono piú suddite che cittadine. Con il risultato che tante persone, spesso piccole persone (per età e per risorse sociali), ancora oggi non sanno dire no, dominate dalla paura di non essere abbastanza riconoscenti a chi ha messo o stretto loro la catena. Sono espressioni forti, ma non dobbiamo avere paura di usarle, soprattutto pensando a chi è giovane. Anche questi aspetti, infatti, come dimostra il lavoro di Raffaella Scarpa sul linguaggio degli abusanti[2], possono servire a combattere la pratica del

[2] RAFFAELLA SCARPA, *Lo stile dell'abuso. Violenza domestica e linguaggio*, Treccani, Roma 2021.

femminicidio, che è l'esito estremo e fuori controllo di un'ideologia sessista normalizzata, fondata sul potere di dominare i corpi delle donne attraverso la forza fisica e la paura (proprio quella stessa che ci fa vivere la protagonista del quadro di Artemisia Gentileschi *Susanna e i vecchioni*, a differenza di molte sue omonime raffigurate nelle tele realizzate da un uomo).

Nel linguaggio cinematografico il fuori campo è ciò che non viene mostrato ma che tuttavia esiste, perché vive nello spazio di cui l'inquadratura è solo una minima parte. Lo spazio delle donne costruito insieme può funzionare come fuori campo attivo, vale a dire come tipo di messa a fuoco dinamica che genera dubbi e domande intorno a ciò che si vede, creando una dialettica tra ciò che è visibile e riconoscibile e ciò che invece è invisibile, ma tuttavia è implicato. Lavorare sul canone, o preparare una mostra, per esempio, o programmare un'iniziativa significa anche attivare il fuori campo, ripensando i nostri modi di considerare e inquadrare la realtà, interrogandosi su cosa è stato tolto, perché e come. In questo modo, lo spazio delle donne agisce come terreno di complessità; ed è anche uno sguardo politico, non solo culturale, o letterario, o cinematografico, o artistico, perché è una prospettiva da ripensare continuamente, anche per decostruire un sistema simbolico maschilista. Quella situazione, infatti, non appartiene affatto alla preistoria (questo è un punto particolarmente importante da svelare), ma agisce anche oggi, tra di noi, nelle nostre abitudini di pensiero e di linguaggio, e ci condiziona, continuando a parlarci, anche involontariamente, lavorando sotto forma di discorsi e pratiche che cancellano le donne (per esempio tutte le volte che, per fare le cose *serie*, ci vengono in mente gli uomini e basta), riproducendo schemi di disuguaglianza e modelli di minorità.

Proprio l'attenzione a una prospettiva mobile e complessa può agire anche contro un altro grave e insidioso equivoco. Lo spazio delle donne, infatti, *non è mai* quello dentro il quale, anche grazie ai vuoti storici e sociali di rappresentanza femminile, arriva a conquistare il centro una donna che si erge a portavoce appassionata di tutti i valori patriarcali (con un relativo uso ideologico e reazionario dell'idea di famiglia, patria e identità, o dell'omofobia e della transfobia, per esempio), rilanciando e confermando, di fatto, tutta la violenza storicamente esercitata contro le donne. Lo spazio delle donne, come luogo e cultura della diversità, *non è né può mai essere* uno spazio contiguo ai valori a suo tempo affermati dal fascismo.

Lo spazio delle donne come spazio di multiculturalismo.

La difesa dell'uguaglianza e della dignità delle donne, contro la persistenza o la restaurazione di assetti patriarcali, fissa anche il punto forte di incontro e di alleanza tra i femminismi e il multiculturalismo, in nome di battaglie comuni e parallele. Lo spazio delle donne, infatti, è un progetto di società dove le identità altre abbiano riconoscimento e spazio; dunque è un modello doppiamente necessario nella contemporaneità, che è un mondo sempre piú abitato da pluralità differenti che vivono a stretto contatto, e dove di conseguenza è piú che mai urgente anche una cultura del rispetto sociale e politico delle donne. Il fatto è che le difficoltà, il senso di esclusione e il razzismo di cui le persone immigrate sono oggetto sfavoriscono, tra le altre cose, anche l'emancipazione da modelli culturali sessisti; e cosí si può registrare un inasprimento delle pratiche e dei discorsi patriarcali in contesti migratori, spesso perfino in maniera maggiore che nei Paesi d'origine. In tal senso, femminismo e multiculturalismo possono anche diventare termini in tensione – negarlo sarebbe come minimo ingenuo. Lo spazio delle donne, insomma, è anche uno spazio dove si può, si deve avere il coraggio di dire che il patriarcato non è stato e non è soltanto un fenomeno riguardante i Paesi occidentali e del capitalismo avanzato, ma è una condizione che riguarda anche le culture di immigrazione; quelle stesse culture le cui qualità e prerogative devono, su altri piani, essere giustamente riconosciute e tutelate.

I diritti dei gruppi e delle minoranze andranno dunque negoziati e ripensati via via anche facendo attenzione a non cancellare i corpi e gli spazi delle donne. I luoghi della cultura, prima di tutto la scuola, sono gli ambienti dove è piú importante e piú vitale riqualificare e ripensare le identità e i generi in una prospettiva laica, multiculturale e antirelativista – una donna a cui si impedisce di camminare da sola per strada, di prendere un treno, di lavorare, o di studiare è una persona offesa, segregata e abusata dovunque, in qualsiasi spazio e cultura.

Per questo gli aspetti affrontati nei capitoli precedenti e che apparentemente potevano riguardare soltanto gli ambiti piú letterari o culturali in realtà coinvolgono direttamente anche gli assetti civili e politici. Su questo piano, ecco che il laboratorio sociale dove sperimentare e verificare la tenuta di un modello laico di società multiculturale antisessista e democratica è la scuola. Ripensando ai programmi scolastici, o al modo in cui il discorso pubblico tratta i corpi e i discorsi delle donne, che cosa impareranno le nuove generazioni se non si confrontano mai con un discorso autorevole proveniente anche da autrici?

Del resto, proprio rispetto allo spazio delle donne, è significativo che la scuola pubblica italiana, che malgrado tutto, per qualità della formazione, resta tra le migliori in ambito europeo, sia stata tuttavia sempre cosí poco "curata", in termini di investimenti pubblici, sia materiali sia simbolici. Il fatto è che la scuola italiana l'hanno fatta, storicamente, anzitutto le «famigerate» professoresse, in un sistema culturale che ha per lo piú svilito la donna adulta e lavoratrice. In un contesto patriarcale, il fatto che a scuola fino a poco tempo fa abbiano lavorato soprattutto le donne, perché l'insegnamento in un certo senso era la professione ritenuta piú conciliabile con il lavoro di manutenzione della famiglia e della casa, ha sfavorito anche la scuola, in senso economico, culturale, politico, oltre che le donne.

La scuola, come la questione del femminismo, intesa come attenzione al riconoscimento di uguali diritti e uguali spazi di rappresentanza, è una questione politica sostanziale che riguarda tutte e tutti. Proprio di questa reciprocità, in quanto esperimento sociale di democrazia, fa parte anche la cultura del politicamente corretto, un'espressione cosí tanto svilita da un uso banalizzante, come se funzionasse da interruttore (per disimpegnarsi di volata dal discorso), e mai, piuttosto, da finestra di curiosità e di approfondimento. Tutte le comunità abitate dalla pluralità stringono un patto di civiltà che si fonda anche sul politicamente corretto, che, rimanendo nella lettera e nella sostanza dell'espressione, non è un'opzione, ma una condizione di esistenza e convivenza. Tutti i sistemi sociali e culturali dove la libertà non è un paravento retorico, ma un progetto politico e umano reale, costruito attraverso il confronto con le diversità e le minoranze, sono per il politicamente corretto. Tutti gli ambiti dove non c'è, o non c'è piú, un pensiero dominante in quanto unico, etnocentrico, difeso da una classe e una generazione di persone che parla solo di se stessa e in nome della propria purezza, adottano il politicamente corretto. È un dato di fatto. Tutto il resto è per lo piú retorica prepotente, disperata, talvolta persino imbarazzante.

Mediazioni creative.

Avviamoci alla conclusione in compagnia di un racconto, che è collocato in chiusura della prima raccolta pubblicata di Alice Munro, nel 1968. Si intitola *Danza delle ombre felici*, esattamente come il libro, e dunque, come rivela anche la sua posizione finale, deve trattarsi di una prosa particolarmente significativa, quella che in una certa misura ricapitola e contiene la chiave dell'intero sistema. Si narra di come ogni anno, da un tempo immemorabile, un gruppo di ex allieve indaffarate arriva nella piccola casa di un'anziana maestra di pianoforte, Miss Marsalles, per assistere al saggio finale delle sue scolare piú giovani. Sono riunioni sempre piú sgangherate, come ci fa capire la voce narrante, che occupa una sorta di spazio di mezzo e di passaggio, perché ormai non è piú una bambina, anche se ancora continua a prendere le lezioni e sta per esibirsi.

Ma torniamo alla festa in casa di Miss Marsalles. Fa un caldo soffocante, a stento si riesce a entrare nel salotto di quella vecchia abitazione, dove la maestra vive con la sorella anziana. Le mosche ronzano indisturbate sulla glassa dei dolci, e intanto la narratrice sbuffa perché è l'allieva piú grande. Proprio quando tocca a lei suonare, ecco però l'inatteso: una decina di bambini strani si unisce al ritrovo, mentre la padrona di casa li accoglie raggiante. Chi sono? – bisbigliano le altre ospiti. Sono i piccoli della Greenhill School, delle «creature d'oro», ma non del tutto a posto, insomma una banda «di piccoli idioti», speriamo che la festa finisca in fretta. Nello spazio familiare rotto da queste presenze impreviste, ecco schiudersi, però, anche un'altra sorpresa, quando si siede a suonare una ragazzina e la sua musica ammutolisce tutti, mentre risuona per la stanza e si spande oltre le finestre, per la strada. È la *Danse des ombres heureuses*, come ci tiene a dire in francese Miss Marsalles, la *Danza delle ombre felici*, dall'*Orfeo ed Euridice*, di Christoph Willibald Gluck (1762). Sembra uno scherzo, da quanto quella creatura non identificata è stata eccezionalmente brava a interpretare il pezzo, e da quanto potrebbe apparire inutile la sua bravura, adesso che ha smesso di suonare e la festa è finita. Eppure la vertigine portata da quella musica rimane nell'aria, mentre tutti tornano a casa; quella danza persiste, un po' come se fosse un dispaccio, un saluto un po' *rétro*, proveniente dal passato in cui Miss Marsalles, evidentemente, «vive» – proprio questo è il termine finale del racconto.

Senza averne l'intenzione, *Danza delle ombre felici* è uno dei racconti piú belli che si possano leggere sui bambini diversamente abili; e su cosa possa rappresentare la fiducia nella tua musica che può darti una figura culturale di riferimento, in questo caso una maestra. È importante, allora, ripetere che questo testo, che dà il titolo alla raccolta omonima, fa parte del libro con cui Munro ha esordito – lo stesso in cui si trova anche il racconto *Lo studio*, qui citato nel primo capitolo.

Se è vero, e quasi sempre lo è, che un'artista, non solo in letteratura, quando conquista una voce lo fa affermando subito il bisogno di spiegare come sia riuscita a diventare un'autrice, ecco che diventa piú che mai interessante osservare che Munro, con *Danza delle ombre felici*, sembra dirci, forse, che il talento non basta mai da solo, ma ciò che conta è la presenza di una persona – una maestra, anche strana, eccentrica, sbagliata – che ci ha creduto. E cosí il salotto di Miss Marsalles funziona come uno spazio angusto e paradossale, dove però diventano esperienze «vive» e persistenti, anche oltre le mura fisiche di un ambiente domestico, proprio i due aspetti che piú caratterizzano lo spazio delle donne come lo abbiamo composto sin qui, vale a dire: la possibilità di stare insieme, mescolando culture e generazioni; e la possibilità di pensare le identità altre.

Da questo punto di vista, la felicità creativa che può nascere dalla reciproca considerazione non è cosí lontana da quella richiesta di ascolto che stanno esprimendo migliaia di esistenze ragazzine che riempiono le piazze di tutto il mondo, per chiedere nuove e diverse possibilità di vita. Questa continuità tra spazi ed epoche cosí differenti eppure in risonanza e in dialogo può essere anch'essa, probabilmente, una forma di ciò che intende la filosofa Luisa Muraro, quando parla della necessità di evolvere costruendo mediazioni viventi e creative; e del resto, a questa stessa continuità può assomigliare anche ciò che immagina il filosofo e scrittore spagnolo Paul Preciado, studioso di teorie queer, quando parla di progettare il futuro attuando pratiche di identificazione in soggetti di transizione. Lo spazio delle donne è un modo di costruire nuove prospettive, nuovi ponti e forme di reciprocità.

È tutto, per adesso. Quello che manca, d'ora in poi, potremo aggiungerlo insieme.

Ringraziamenti.

Ringrazio Andrea Bosco, che con le sue attente obiezioni ha fatto sí che un progetto si trasformasse in un libro, Angela Rastelli e Marina Schembri.

Niccolò Scaffai ha riletto e discusso anche questo lavoro.

A lungo ho pensato che una questione seria come quella delle politiche per la parità di genere non si potesse nominare con un'espressione cosí infantile come «quote rosa». Sono ancora convinta che quella definizione sia ideologicamente ambigua, perché genera cortocircuiti logici svalutativi. Ma ascoltando, leggendo, riflettendo, tentando, nello *Spazio delle donne*, di costruire un sistema di mediazioni creative, sono arrivata a concludere che la mossa migliore potrebbe essere rovesciare lo schema, e riappropriarsene; riprendendosi perfino il rosa. Il rosa dei colori, o quello di Rosa Luxemburg, di Rosa Mayreder, di Rosa Parks; e pure il rosa di Rosetta Gervasio (1951-2016), nata a Bisaccia (Avellino) e vissuta a Napoli, professoressa, studiosa, amica indimenticabile. Questo libro è dedicato alla sua memoria, e al suo talento per l'ascolto e la fiducia nello spazio delle donne.

Bibliografia

La Bibliografia si compone di due parti.

La prima contiene quindici testi utili per mettersi in viaggio. Sono riferimenti che non si possono ignorare quando si parla e si scrive dello spazio delle donne, nella storia come nelle arti. Non sono gli unici lavori, né i soli importanti, ma formano una buona base di partenza.

La seconda lista comprende i testi con cui ho principalmente dialogato, negli anni, relativamente alle questioni affrontate qui. In realtà, la bibliografia dedicata a questi temi è talmente ricca che non basterebbe un intero volume. Dunque anche in questo caso non si tratta di una lista chiusa e non è neppure, di proposito, un insieme omogeneo, nel senso che sono citati studi o femminismi anche diversi e discordanti, ma che a maggior ragione possono servire a comporre e a rendere visibile una comunità plurale, attraversata da generazioni, idee e domande diverse. Anche questo è un modo di intendere lo spazio delle donne.

1. *Bibliografia essenziale.*

BEAUVOIR, S. DE, *Il secondo sesso* [1949], il Saggiatore, Milano 2016.

BERGER, J., *Questione di sguardi* [1972], il Saggiatore, Milano 1998.

BOCK, G., *Le donne nella storia europea* [2000], Laterza, Roma-Bari 2001.

BOURDIEU, P., *Il dominio maschile* [1998], Feltrinelli, Milano 1998.

BRAVO, A., PELAJA, M., PESCAROLO, A. e SCARAFFIA, L., *Storia sociale delle donne nell'Italia contemporanea*, Laterza, Roma-Bari 2001.

BUTLER, J., *La vita psichica del potere. Teorie del soggetto* [1997], a cura di F. Zappino, Mimesis, Sesto San Giovanni (Mi) 2013.

DE LAURETIS, T., *Soggetti eccentrici*, Feltrinelli, Milano 1999.

DAVIS, A., *La libertà è una lotta costante* [2016], Ponte alle Grazie, Milano 2018.

FOUCAULT, M., *Sorvegliare e punire* [1975], Einaudi, Torino 1993.

GIANINI BELOTTI, E., *Dalla parte delle bambine* [1973], Feltrinelli, Milano 2013.

LUSSANA, F., *Il movimento femminista in Italia. Esperienze, storie, memorie*, Carocci, Roma 2012.

MULVEY, L., *Visual pleasure and narrative cinema* [1975], in EAD., *Visual and Other Pleasures*, Palgrave Macmillan, London 2009.

NOCHLIN, L., *Perché non ci sono state grandi artiste?* [1971], Castelvecchi, Roma 2014.

SAID, E. W., *Orientalismo. L'immagine europea dell'Oriente* [1978], Feltrinelli, Milano 2013.

WOOLF, V., *Una stanza tutta per sé* [1929], Einaudi, Torino 2016.

2. *Riferimenti bibliografici.*

ADICHIE, C. N., *Dovremmo essere tutti femministi*, Einaudi, Torino 2015.

–, *Il pericolo di un'unica storia*, Einaudi, Torino 2020.

ARDILLI, D. (a cura di), *Manifesti femministi*, Morellini, Milano 2018.

BADER GINSBURG, R., *My Own Words*, Simon & Schuster, New York 2016.

BARBARULLI, C. e BORGHI, L., *Il sorriso dello Stregatto. Figurazioni di genere e intercultura*, ETS, Pisa 2010.

BARDAZZI, A. e BAZZONI, A. (a cura di), *Gender and Authority across Disciplines, Space and Time*, Palgrave Macmillan, London 2020.

BEARD, M., *Donne e potere. Per troppo tempo le donne sono state messe a tacere* [2017], Mondadori, Milano 2018.

BELLASSAI, S., *L'invenzione della virilità. Politica e immaginario maschile nell'Italia contemporanea*, Carocci, Roma 2011.

BENEDETTI, L., *The Tigress in the Snow. Motherhood and literature in twentieth-century Italy*, University of Toronto Press, Toronto 2006.

BHABHA, H. K., *I luoghi della cultura* [1994], Meltemi, Roma 2001.

BLASI, G., *Manuale per ragazze rivoluzionarie. Perché il femminismo ci rende felici*, Rizzoli, Milano 2018.

BOCCIA, M. L., *L'io in Rivolta. Vissuto e pensiero di Carla Lonzi*, La Tartaruga, Milano 1990.

BONILINI, G., *Manuale di diritto di famiglia*, 7ª ediz. aggiornata, Utet, Milano 2016.

BORGHESI, A., *L'anno della Storia 1974-1975. Il dibattito politico e culturale sul romanzo di Elsa Morante. Cronaca e Antologia della critica*, Quodlibet, Macerata 2019.

BOURDIEU, P., *La distinzione. Critica sociale del gusto* [1979], a cura di M. Santoro, il Mulino, Bologna 2001.

BRAIDOTTI, R., *Soggetto nomade. Femminismo e crisi della modernità*, a cura di A. M. Crispino, Donzelli, Roma 1995.

BRAVO, A. e BRUZZONE, A. M., *In guerra senza armi. Storie di donne 1940-1945*, Laterza, Roma-Bari 2000.

BROGI, D., *Lei chi è? Forme e fantasmi del femminile nelle narrazioni novecentesche*, in M. PAINO, M. RIZZARELLI e

A. SICHERA (a cura di), *Scritture del corpo. Atti del XVIII Convegno Internazionale della MOD, 22-24 giugno 2016*, ETS, Pisa 2018.

BROGI, D., DE ROGATIS, T., FRANCO, C. e SPERA, L. (a cura di), *Nel nome della madre*, Del Vecchio, Roma 2017.

BROGI, D., DE ROGATIS, T. e MARRANI, G., *La pratica del commento 3. Il canone: esclusioni e inclusioni*, Pacini, Pisa 2020.

BROWNSTEIN, R., *Becoming a Heroine. Reading about women in novels*, The Viking Press, New York 1982.

BRUNO, G., *Atlante delle emozioni. In viaggio tra arte, architettura e cinema*, Johan & Levi, Monza 2015.

BUFFONI, F., *Laico alfabeto in salsa gay piccante*, Transeuropa, Massa 2010.

BUTLER, J., *Questione di genere. Il femminismo e la sovversione dell'identità* [1990], Laterza, Roma-Bari 2013.

BYUNG-CHUL, H., *Che cos'è il potere?* [2005], nottetempo, Milano 2019.

CANOSA, R., *Il giudice e la donna. Cento anni di sentenze sulla condizione femminile in Italia*, Mazzotta, Milano 1978.

CARDONE, L., JANDELLI C. e TOGNOLOTTI, C. (a cura di), *Storie in divenire. Le donne nel cinema italiano*, in «Quaderni del CSCI», n. 11, 2015.

CAVARERO, A. e RESTAINO, F., *Le filosofie femministe. Due secoli di battaglie teoriche e pratiche*, Bruno Mondadori, Milano 2002.

CHASSERGUER-SMIRGEL, J., *Il corpo come specchio del mondo* [2003], Raffaello Cortina, Milano 2005.

CONNELL, R. W., *Questioni di genere* [2002], il Mulino, Bologna, 2002 e 2011.

CRIADO PEREZ, C., *Invisibili* [2019], Einaudi, Torino 2020.

CRISPINO, A. M. (a cura di), *Oltrecanone. Generi, genealogie, tradizioni*, Iacobelli, Roma 2015.

CUTER, E., *Ripartire dal desiderio*, minimum fax, Roma 2020.

DE ROGATIS, T., *Elena Ferrante. Parole chiave*, e/o, Roma 2018.

DIOTIMA, *Il pensiero della differenza sessuale*, La Tartaruga, Milano 1987.

ELIOT, G., *Romanzi sciocchi di signore romanziere* [1856], apice, Sesto Fiorentino 2014.

ELLMANN, M., *Thinking about Women*, Harcourt, Brace & World, New York 1968.

ENCICLOPEDIA DELLE DONNE, http://www.enciclopediadelledonne.it/

FABBIANI, F., *Sguardi che contano. Il cinema al tempo della visibilità lesbica*, Iacobelli, Guidonia (Roma) 2019.

FABBIANI, F. e ZANINI, C. (a cura di), *Architetture del desiderio. Il cinema di Céline Sciamma*, asterisco, Sesto San Giovanni (Mi) 2021.

FARNETTI, M., *Tutte signore di mio gusto. Profili di scrittrici contemporanee*, La Tartaruga, Milano 2008.

FEDERICI, S., *Calibano e la strega*, Mimesis, Milano-Udine 2015.

FONDAZIONE NILDE IOTTI (a cura di), *Le leggi delle donne che hanno cambiato l'Italia*, Ediesse editore, Roma 2013.

FUSILLO, M., *Feticci. Letteratura, cinema, arti visive*, il Mulino, Bologna 2012.

FUSINI, N., *Nomi*, Feltrinelli, Milano 1986.

GALEOTTI, G., *Storia dell'aborto*, il Mulino, Bologna 2003.

GAMBARO, E., *Diventare autrice*, Unicopli, Milano 2018.

GHENO, V., *Femminili singolari. Il femminismo è nelle parole*, effequ, Firenze 2019.

GIARTOSIO, T., *Non aver mai finito di dire. Classici gay, letture queer*, Quodlibet, Macerata 2017.

GIOMI, E. e MAGARAGGIA, S., *Relazioni brutali. Genere e violenza nella cultura mediale*, il Mulino, Bologna 2017.

GIULIANI, F., *Le parole per dirlo, il racconto della violenza nella lingua del giudice*, in F. SACCÀ (a cura di), *La rap-*

presentazione giuridica e mediatica della violenza di genere, Franco Angeli, Milano 2021.

GORNICK, V. e MORAN, B. K. (a cura di), *La donna in una società sessista* [1971], Einaudi, Torino 1975.

GUGLIELMI, M., *Raccontare il manicomio. La macchina narrativa di Basaglia tra parole e immagini*, Cesati, Firenze 2018.

GUIDETTI SERRA, B., (a cura di), *Compagne. Testimonianze di partecipazione politica femminile*, Einaudi, Torino 1977.

IRIGARAY, L., *Speculum. L'altra donna* [1974], Feltrinelli, Milano 1975.

KOPPELMAN CORNILLON, S. (a cura di), *Images of Women in Fiction*, Bowling Green University Popular Press, Bowling Green (Ohio) 1972.

KRISTEVA, J., *Melanie Klein. La madre, la follia* [2000], Donzelli, Roma 2006.

LIBRERIA DELLE DONNE DI MILANO, *Non credere di avere dei diritti. La generazione della libertà femminile nell'idea e nelle vicende di un gruppo di donne*, Rosenberg & Sellier, Torino 1987.

LIPPERINI, L., *Ancora dalla parte delle bambine*, Feltrinelli, Milano 2007.

–, *Non è un paese per vecchie*, Bompiani, Milano 2020.

LIVI, G., *Da una stanza all'altra* [1984], La Tartaruga, Milano 1992.

–, *Le lettere del mio nome*, La Tartaruga, Milano 1991.

LONZI, C., *Sputiamo su Hegel* [1970], *et al.*/Edizioni, Milano 2010.

LUPO, P., *Lo specchio incrinato. Storia e immagine dell'omosessualità femminile*, Marsilio, Venezia 1998.

MARAINI, D. e VALENTINI, C., *Il coraggio delle donne*, il Mulino, Bologna 2020.

MELANDRI, L., *Amore e violenza. Il fattore molesto della civiltà*, Bollati Boringhieri, Torino 2011.

MERCHANT, C., *The Death of Nature. Women, ecology, and the scientific revolution*, Harper & Row, New York 1980.

MILES, R., *Chi ha cucinato l'ultima cena? Storia femminile del mondo* [1988 e 2001], Elliot, Roma 2009.

MISSERVILLE, G., *Donne e fantastico*, Mimesis, Milano-Udine 2020.

MOERS, E., *Grandi scrittrici, grandi letterate* [1963], Edizioni di Comunità, Milano 1979.

MOLLER OKIN, S., *Diritti delle donne e multiculturalismo*, a cura di J. Cohen, M. Howard e M. C. Nussbaum [1999], ed. it. a cura di A. Besussi e A. Facchi, Raffaello Cortina, Milano 2007.

MONDELLO, E., *La nuova italiana. La donna nella stampa e nella cultura del Ventennio*, Editori Riuniti, Roma 1987.

MURARO, L., *L'ordine simbolico della madre*, Editori Riuniti, Roma 1991.

–, *Il Dio delle donne*, Mondadori, Milano 2003.

MURGIA, M., *Il mondo deve sapere. Romanzo tragicomico di una telefonista precaria* [2006], Einaudi, Torino 2017.

–, *Stai zitta e altre nove frasi che non vogliamo sentire piú*, Einaudi, Torino 2021.

NELSON, M., *Gli Argonauti* [2015], il Saggiatore, Milano 2016.

NOCHLIN, L., *Representing Women* [1999], Thames & Hudson, London 2019.

NUSSBAUM, M. C., *Diventare persone. Donne e universalità dei diritti* [2000], il Mulino, Bologna 2001.

OLSEN, T., *Silences* [1965 e 1978], The Feminist Press at the City University of New York, New York 2003.

PARCA, G., *L'avventurosa storia del femminismo*, Mondadori, Milano 1976 e 1981.

– (a cura di), *Le italiane si confessano*, Feltrinelli, Milano 1964.

PATEMAN, C., *Il contratto sessuale* [1988], a cura di C. Biasini, Editori Riuniti, Roma 1997.

PENNY, L., *Meat market. Carne femminile sul banco del capitalismo* [2011], Settenove, Cagli (Pu) 2013.

PEPICELLI, R. (a cura di), *Le donne nei media arabi. Tra aspettative tradite e nuove opportunità*, Carocci, Roma 2014.

PETERSEN, K. e WILSON, J. J., *Donne artiste* [1976], Savelli, Roma 1978.

POLLOCK, G., *Differencing the Canon. Feminism and the writing of art's histories*, Routledge, London 1999.

PRAVADELLI, V., *Le donne del cinema. Dive, registe, spettatrici*, Laterza, Roma-Bari 2014.

PRECIADO, P. B., *Sono un mostro che vi parla* [2020], Fandango, Roma 2021.

PROFETA, P. B., *Parità di genere e politiche pubbliche*, Università Bocconi editore, Milano 2021.

PUTINO, A., *Amiche mie isteriche*, Cronopio, Napoli 1998.

RAMPELLO, L., *Il canto del mondo reale. Virginia Woolf. La vita nella scrittura*, il Saggiatore, Milano 2011.

RECCHIA LUCIANI, F. R., *Filosofie femministe e riconoscimento delle identità plurali: dalla "differenza" alle "differenze"*, in «postfilosofie», n. 8, 2015, pp. 15-26.

RIZZARELLI, M., *Goliarda Sapienza. Gli spazi della libertà, il tempo della gioia*, Carocci, Roma 2018.

ROLLET, B., *Femmes et cinéma, sois belle et tais-toi!*, Belin, Paris 2017.

RONDOLINO, G. e TOMASI, D., *Manuale del film. Linguaggio, racconto, analisi*, Utet, Torino 2018.

ROSSI-DORIA, A., *Diventare cittadine. Il voto alle donne in Italia*, Firenze, Giunti 1996.

SANGUINETI, F., *La storia letteraria in poche righe*, il melangolo, Genova 2018.

SARACENO, C., *Sociologia della famiglia*, il Mulino, Bologna 1988.

SAVETTIERI, C., *Maschile plurale: genere e nazione nella letteratura della Grande Guerra*, in «allegoria», XXVIII (luglio-dicembre 2016), terza serie, n. 74, pp. 9-40.

SELIGARDI, B., *Ellissi dello sguardo. «Pathosformeln» dell'inespressività femminile dalla cultura visuale alla letteratura*, Morellini Editore, Milano 2018.

SERRA, F., *La morte ci fa belle*, Bollati Boringhieri, Torino 2013.

SOLNIT, R., *Gli uomini mi spiegano le cose. Riflessioni sulla sopraffazione maschile* [2014], Ponte alle Grazie, Milano 2017.

SONTAG, S., *Nello stesso tempo. Saggi di letteratura e politica* [2007], Mondadori, Milano 2008.

STARITA, L., *Canone ambiguo. Della letteratura queer italiana*, effequ, Firenze 2021.

STOCK, K., *Material Girls. Why reality matters for feminism*, Fleet, London 2021.

TESTA, A., *La trama lucente. Che cos'è la creatività, perché ci appartiene, come funziona*, Rizzoli, Milano 2010.

TRASFORINI, M. A., *Nel segno delle artiste. Donne, professioni d'arte e modernità*, il Mulino, Bologna 2007.

VALENTINI, C., *O i figli o il lavoro*, Feltrinelli, Milano 2012.

VOLPATO, C., *Le radici psicologiche della disuguaglianza*, Laterza, Roma-Bari 2019.

WALTER, N., *Bambole viventi. Il ritorno del sessismo* [2010], Ghena, Roma 2012.

WIESNER-HANKS, M. E., *Le donne nell'Europa moderna* [1993], Einaudi, Torino 2017.

WITTIG, M., *Il pensiero eterosessuale* [1992], ed. it. a cura di F. Zappino, ombre corte, Verona 2019.

WYSOCKI, G. VON, *La lanterna magica. Ombre, immagini, figure di donne* [1979], La Tartaruga, Milano 1979.

ZAPPINO, F., *Comunismo queer. Note per una sovversione dell'eterosessualità*, Meltemi, Sesto San Giovanni (Mi) 2019.

Einaudi usa carta certificata PEFC
che garantisce la gestione sostenibile delle risorse forestali

PEFC
PEFC/18-32-03

Stampato per conto della Casa editrice Einaudi
presso ELCOGRAF S.p.A. - Stabilimento di Cles (Tn)

C.L. 25098

Ristampa								Anno
2	3	4	5		2022	2023	2024	2025